は　し　が　き

　平成 29 年 3 月に告示された中学校学習指導要領が，令和 3 年度から全面実施されます。

　今回の学習指導要領では，各教科等の目標及び内容が，育成を目指す資質・能力の三つの柱（「知識及び技能」，「思考力，判断力，表現力等」，「学びに向かう力，人間性等」）に沿って再整理され，各教科等でどのような資質・能力の育成を目指すのかが明確化されました。これにより，教師が「子供たちにどのような力が身に付いたか」という学習の成果を的確に捉え，主体的・対話的で深い学びの視点からの授業改善を図る，いわゆる「指導と評価の一体化」が実現されやすくなることが期待されます。

　また，子供たちや学校，地域の実態を適切に把握した上で教育課程を編成し，学校全体で教育活動の質の向上を図る「カリキュラム・マネジメント」についても明文化されました。カリキュラム・マネジメントの一側面として，「教育課程の実施状況を評価してその改善を図っていくこと」がありますが，このためには，教育課程を編成・実施し，学習評価を行い，学習評価を基に教育課程の改善・充実を図るという PDCA サイクルを確立することが重要です。このことも，まさに「指導と評価の一体化」のための取組と言えます。

　このように，「指導と評価の一体化」の必要性は，今回の学習指導要領において，より一層明確なものとなりました。そこで，国立教育政策研究所教育課程研究センターでは，「幼稚園，小学校，中学校，高等学校及び特別支援学校の学習指導要領等の改善及び必要な方策等について（答申）」（平成 28 年 12 月 21 日中央教育審議会）をはじめ，「児童生徒の学習評価の在り方について（報告）」（平成 31 年 1 月 21 日中央教育審議会初等中等教育分科会教育課程部会）や「小学校，中学校，高等学校及び特別支援学校等における児童生徒の学習評価及び指導要録の改善等について」（平成 31 年 3 月 29 日付初等中等教育局長通知）を踏まえ，このたび「『指導と評価の一体化』のための学習評価に関する参考資料」を作成しました。

　本資料では，学習評価の基本的な考え方や，各教科等における評価規準の作成及び評価の実施等について解説しているほか，各教科等別に単元や題材に基づく学習評価について事例を紹介しています。各学校においては，本資料や各教育委員会等が示す学習評価に関する資料などを参考としながら，学習評価を含むカリキュラム・マネジメントを円滑に進めていただくことで，「指導と評価の一体化」を実現し，子供たちに未来の創り手となるために必要な資質・能力が育まれることを期待します。

　最後に，本資料の作成に御協力くださった方々に心から感謝の意を表します。

　令和 2 年 7 月

国 立 教 育 政 策 研 究 所
教育課程研究センター長
鈴　木　敏　之

目次

第1編　総説　　　　　　　　　　　　　　　　　　　　　　　　　　　　　　……　　1
　第1章　平成29年改訂を踏まえた学習評価の改善　　　　　　　　　　　　　……　　3
　　1　はじめに
　　2　平成29年改訂を踏まえた学習評価の意義
　　3　平成29年改訂を受けた評価の観点の整理
　　4　平成29年改訂学習指導要領における各教科の学習評価
　　5　改善等通知における特別の教科 道徳，外国語活動（小学校），総合的な学習の時間，特
　　　別活動の指導要録の記録
　　6　障害のある児童生徒の学習評価について
　　7　評価の方針等の児童生徒や保護者への共有について
　第2章　学習評価の基本的な流れ　　　　　　　　　　　　　　　　　　　　……　　13
　　1　各教科における評価規準の作成及び評価の実施等について
　　2　総合的な学習の時間における評価規準の作成及び評価の実施等について
　　3　特別活動の「評価の観点」とその趣旨，並びに評価規準の作成及び評価の実施等について
　（参考）　平成23年「評価規準の作成，評価方法等の工夫改善のための参考資料」か　……　　22
　　　　　らの変更点について

第2編　「内容のまとまりごとの評価規準」を作成する際の手順　　　　　　　……　　25
　中学校総合的な学習の時間における評価を行うに当たって
　　1　総合的な学習の時間における「内容のまとまり」
　　2　中学校総合的な学習の時間における「内容のまとまりごとの評価規準」作成の基本的な
　　　手順
　　3　中学校総合的な学習の時間における「内容のまとまりごとの評価規準」作成の手順

第3編　単元ごとの学習評価について（事例）　　　　　　　　　　　　　　　……　　37
　第1章　「内容のまとまりごとの評価規準」の考え方を踏まえた評価規準の作成　……　　39
　　1　本編事例における学習評価の進め方について
　　2　単元の評価規準の作成のポイント
　第2章　学習評価に関する事例について　　　　　　　　　　　　　　　　　……　　46
　　1　事例の特徴
　　2　各事例概要一覧と事例
　　　事例1　キーワード　指導と評価の計画，三つの観点の評価，評価結果の総括，　……　　48
　　　　　　　　　　　　　指導計画の改善
　　　　　「未来の人も豊かな暮らしをするために～エネルギー問題について考え，自然
　　　　　環境との共生を目指す～」　　　　　　　　　（第2学年「資源エネルギー」）
　　　事例2　キーワード　指導と評価の計画，「知識・技能」「思考・判断・表現」の評価，　……　　56
　　　　　　　　　　　　　生徒の学習の姿と見取り
　　　　　「人はなぜ働くのだろう？～仕事を通して自己の生き方を考える～」
　　　　　　　　　　　　　　　　　　　　　　　　　　　　（第2学年「勤労」）
　　　事例3　キーワード　指導と評価の計画，「思考・判断・表現」「主体的に学習に　……　　63
　　　　　　　　　　　　　取り組む態度」の評価，生徒の学習の姿と見取り
　　　　　「善光寺ＷＡＬＫ～外国人観光客を英語で案内しよう～」
　　　　　　　　　　　　　　　　　　　　　　　　　　　　（第1学年「伝統文化」）

巻末資料　　　　　　　　　　　　　　　　　　　　　　　　　　　　　　　……　　71
　・　評価規準，評価方法等の工夫改善に関する調査研究について（平成31年2月4日，国立教育政
　　　策研究所長裁定）
　・　評価規準，評価方法等の工夫改善に関する調査研究協力者
　・　学習指導要領等関係資料について
　・　学習評価の在り方ハンドブック（小・中学校編）

　※本冊子については，改訂後の常用漢字表（平成22年11月30日内閣告示）に基づいて表記してい
　　ます。（学習指導要領及び初等中等教育局長通知等の引用部分を除く）

第1編

総説

第1章

総説

第1編　総説

本編においては，以下の資料について，それぞれ略称を用いることとする。

答申：「幼稚園，小学校，中学校，高等学校及び特別支援学校の学習指導要領等の改善
　　　及び必要な方策等について（答申）」　平成 28 年 12 月 21 日　中央教育審議会
報告：「児童生徒の学習評価の在り方について（報告）」　平成 31 年 1 月 21 日　中央教
　　　育審議会　初等中等教育分科会　教育課程部会
改善等通知：「小学校，中学校，高等学校及び特別支援学校等における児童生徒の学習
　　　評価及び指導要録の改善等について（通知）」　平成 31 年 3 月 29 日　初等中等
　　　教育局長通知

第1章　平成 29 年改訂を踏まえた学習評価の改善

1　はじめに

　　学習評価は，学校における教育活動に関し，児童生徒の学習状況を評価するものである。答申にもあるとおり，児童生徒の学習状況を的確に捉え，教師が指導の改善を図るとともに，児童生徒が自らの学びを振り返って次の学びに向かうことができるようにするためには，学習評価の在り方が極めて重要である。

　　各教科等の評価については，学習状況を分析的に捉える「観点別学習状況の評価」と「評定」が学習指導要領に定める目標に準拠した評価として実施するものとされている[1]。観点別学習状況の評価とは，学校における児童生徒の学習状況を，複数の観点から，それぞれの観点ごとに分析する評価のことである。児童生徒が各教科等での学習において，どの観点で望ましい学習状況が認められ，どの観点に課題が認められるかを明らかにすることにより，具体的な学習や指導の改善に生かすことを可能とするものである。各学校において目標に準拠した観点別学習状況の評価を行うに当たっては，観点ごとに評価規準を定める必要がある。評価規準とは，観点別学習状況の評価を的確に行うため，学習指導要領に示す目標の実現の状況を判断するよりどころを表現したものである。本参考資料は，観点別学習状況の評価を実施する際に必要となる評価規準等，学習評価を行うに当たって参考となる情報をまとめたものである。

　　以下，文部省指導資料から，評価規準について解説した部分を参考として引用する。

---

[1] 各教科の評価については，観点別学習状況の評価と，これらを総括的に捉える「評定」の両方について実施するものとされており，観点別学習状況の評価や評定には示しきれない児童生徒の一人一人のよい点や可能性，進歩の状況については，「個人内評価」として実施するものとされている。（P.6〜11 に後述）

（参考）評価規準の設定（抄）

（文部省「小学校教育課程一般指導資料」（平成5年9月）より）

　新しい指導要録（平成3年改訂）では，観点別学習状況の評価が効果的に行われるようにするために，「各観点ごとに学年ごとの評価規準を設定するなどの工夫を行うこと」と示されています。

　これまでの指導要録においても，観点別学習状況の評価を適切に行うため，「観点の趣旨を学年別に具体化することなどについて工夫を加えることが望ましいこと」とされており，教育委員会や学校では目標の達成の度合いを判断するための基準や尺度などの設定について研究が行われてきました。

　しかし，それらは，ともすれば知識・理解の評価が中心になりがちであり，また「目標を十分達成（＋）」，「目標をおおむね達成（空欄）」及び「達成が不十分（－）」ごとに詳細にわたって設定され，結果としてそれを単に数量的に処理することに陥りがちであったとの指摘がありました。

　今回の改訂においては，学習指導要領が目指す学力観に立った教育の実践に役立つようにすることを改訂方針の一つとして掲げ，各教科の目標に照らしてその実現の状況を評価する観点別学習状況を各教科の学習の評価の基本に据えることとしました。したがって，評価の観点についても，学習指導要領に示す目標との関連を密にして設けられています。

　このように，学習指導要領が目指す学力観に立つ教育と指導要録における評価とは一体のものであるとの考え方に立って，各教科の目標の実現の状況を「関心・意欲・態度」，「思考・判断・表現」，「技能・表現（または技能）」及び「知識・理解」の観点ごとに適切に評価するため，「評価規準を設定する」ことを明確に示しているものです。

　「評価規準」という用語については，先に述べたように，新しい学力観に立って子供たちが自ら獲得し身に付けた資質や能力の質的な面，すなわち，学習指導要領の目標に基づく幅のある資質や能力の育成の実現状況の評価を目指すという意味から用いたものです。

2　平成29年改訂を踏まえた学習評価の意義
（1）学習評価の充実

　平成29年改訂小・中学校学習指導要領総則においては，学習評価の充実について新たに項目が置かれた。具体的には，学習評価の目的等について以下のように示し，単元や題材など内容や時間のまとまりを見通しながら，児童生徒の主体的・対話的で深い学びの実現に向けた授業改善を行うと同時に，評価の場面や方法を工夫して，学習の過程や成果を評価することを示し，授業の改善と評価の改善を両輪として行っていくことの必要性を明示した。

> ・生徒のよい点や進歩の状況などを積極的に評価し，学習したことの意義や価値を実感できるようにすること。また，各教科等の目標の実現に向けた学習状況を把握する観点から，単元や題材など内容や時間のまとまりを見通しながら評価の場面や方法を工夫して，学習の過程や成果を評価し，指導の改善や学習意欲の向上を図り，資質・能力の育成に生かすようにすること。
> ・創意工夫の中で学習評価の妥当性や信頼性が高められるよう，組織的かつ計画的な取組を推進するとともに，学年や学校段階を越えて生徒の学習の成果が円滑に接続されるように工夫すること。

（中学校学習指導要領第1章総則　第3教育課程の実施と学習評価　2学習評価の充実）
（小学校学習指導要領にも同旨）

（2）カリキュラム・マネジメントの一環としての指導と評価

　　各学校における教育活動の多くは，学習指導要領等に従い児童生徒や地域の実態を踏まえて編成された教育課程の下，指導計画に基づく授業（学習指導）として展開される。各学校では，児童生徒の学習状況を評価し，その結果を児童生徒の学習や教師による指導の改善や学校全体としての教育課程の改善等に生かしており，学校全体として組織的かつ計画的に教育活動の質の向上を図っている。このように，「学習指導」と「学習評価」は学校の教育活動の根幹に当たり，教育課程に基づいて組織的かつ計画的に教育活動の質の向上を図る「カリキュラム・マネジメント」の中核的な役割を担っている。

（3）主体的・対話的で深い学びの視点からの授業改善と評価

　　指導と評価の一体化を図るためには，児童生徒一人一人の学習の成立を促すための評価という視点を一層重視し，教師が自らの指導のねらいに応じて授業での児童生徒の学びを振り返り，学習や指導の改善に生かしていくことが大切である。すなわち，平成29年改訂学習指導要領で重視している「主体的・対話的で深い学び」の視点からの授業改善を通して各教科等における資質・能力を確実に育成する上で，学習評価は重要な役割を担っている。

（4）学習評価の改善の基本的な方向性

　　（1）～（3）で述べたとおり，学習指導要領改訂の趣旨を実現するためには，学習評価の在り方が極めて重要であり，すなわち，学習評価を真に意味のあるものとし，指導と評価の一体化を実現することがますます求められている。
　　このため，報告では，以下のように学習評価の改善の基本的な方向性が示された。
　　① 児童生徒の学習改善につながるものにしていくこと
　　② 教師の指導改善につながるものにしていくこと
　　③ これまで慣行として行われてきたことでも，必要性・妥当性が認められないものは見直していくこと

3　平成 29 年改訂を受けた評価の観点の整理

　平成 29 年改訂学習指導要領においては，知・徳・体にわたる「生きる力」を児童生徒に育むために「何のために学ぶのか」という各教科等を学ぶ意義を共有しながら，授業の創意工夫や教科書等の教材の改善を引き出していくことができるようにするため，全ての教科等の目標及び内容を「知識及び技能」，「思考力，判断力，表現力等」，「学びに向かう力，人間性等」の育成を目指す資質・能力の三つの柱で再整理した（図 1 参照）。知・徳・体のバランスのとれた「生きる力」を育むことを目指すに当たっては，各教科等の指導を通してどのような資質・能力の育成を目指すのかを明確にしながら教育活動の充実を図ること，その際には，児童生徒の発達の段階や特性を踏まえ，資質・能力の三つの柱の育成がバランスよく実現できるよう留意する必要がある。

図 1

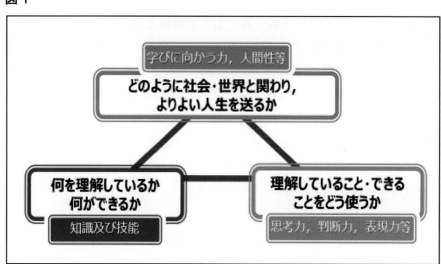

　観点別学習状況の評価については，こうした教育目標や内容の再整理を踏まえて，小・中・高等学校の各教科を通じて，4 観点から 3 観点に整理された。（図 2 参照）

図 2

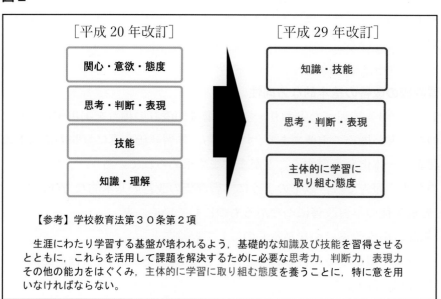

4　平成29年改訂学習指導要領における各教科の学習評価

　　各教科の学習評価においては，平成29年改訂においても，学習状況を分析的に捉える「観点別学習状況の評価」と，これらを総括的に捉える「評定」の両方について，学習指導要領に定める目標に準拠した評価として実施するものとされた。改善等通知では，以下のように示されている。

【小学校児童指導要録】

　［各教科の学習の記録］

　Ⅰ　観点別学習状況

　　学習指導要領に示す各教科の目標に照らして，その実現状況を観点ごとに評価し記入する。その際，

　　　　「十分満足できる」状況と判断されるもの：A

　　　　「おおむね満足できる」状況と判断されるもの：B

　　　　「努力を要する」状況と判断されるもの：C

　のように区別して評価を記入する。

　Ⅱ　評定（第3学年以上）

　　各教科の評定は，学習指導要領に示す各教科の目標に照らして，その実現状況を，

　　　　「十分満足できる」状況と判断されるもの：3

　　　　「おおむね満足できる」状況と判断されるもの：2

　　　　「努力を要する」状況と判断されるもの：1

　のように区別して評価を記入する。

　　評定は各教科の学習の状況を総括的に評価するものであり，「観点別学習状況」において掲げられた観点は，分析的な評価を行うものとして，各教科の評定を行う場合において基本的な要素となるものであることに十分留意する。その際，評定の適切な決定方法等については，各学校において定める。

【中学校生徒指導要録】

（学習指導要領に示す必修教科の取扱いは次のとおり）

　［各教科の学習の記録］

　Ⅰ　観点別学習状況（小学校児童指導要録と同じ）

　　学習指導要領に示す各教科の目標に照らして，その実現状況を観点ごとに評価し記入する。その際，

　　　　「十分満足できる」状況と判断されるもの：A

　　　　「おおむね満足できる」状況と判断されるもの：B

　　　　「努力を要する」状況と判断されるもの：C

　のように区別して評価を記入する。

　Ⅱ　評定

　　各教科の評定は，学習指導要領に示す各教科の目標に照らして，その実現状況を，

　「十分満足できるもののうち，特に程度が高い」状況と判断されるもの：5
　「十分満足できる」状況と判断されるもの：4
　「おおむね満足できる」状況と判断されるもの：3
　「努力を要する」状況と判断されるもの：2
　「一層努力を要する」状況と判断されるもの：1
のように区別して評価を記入する。
　評定は各教科の学習の状況を総括的に評価するものであり，「観点別学習状況」
において掲げられた観点は，分析的な評価を行うものとして，各教科の評定を行う
場合において基本的な要素となるものであることに十分留意する。その際，評定の
適切な決定方法等については，各学校において定める。

　また，観点別学習状況の評価や評定には示しきれない児童生徒一人一人のよい点や可能性，進歩の状況については，「個人内評価」として実施するものとされている。改善等通知においては，「観点別学習状況の評価になじまず個人内評価の対象となるものについては，児童生徒が学習したことの意義や価値を実感できるよう，日々の教育活動等の中で児童生徒に伝えることが重要であること。特に『学びに向かう力，人間性等』のうち『感性や思いやり』など児童生徒一人一人のよい点や可能性，進歩の状況などを積極的に評価し児童生徒に伝えることが重要であること。」と示されている。
　「3　平成29年改訂を受けた評価の観点の整理」も踏まえて各教科における評価の基本構造を図示化すると，以下のようになる。（図3参照）

図3

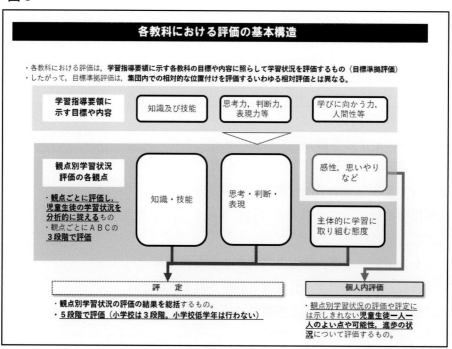

　上記の，「各教科における評価の基本構造」を踏まえた3観点の評価それぞれについて

の考え方は，以下の（1）〜（3）のとおりとなる。なお，この考え方は，外国語活動（小学校），総合的な学習の時間，特別活動においても同様に考えることができる。

（1）「知識・技能」の評価について

「知識・技能」の評価は，各教科等における学習の過程を通した知識及び技能の習得状況について評価を行うとともに，それらを既有の知識及び技能と関連付けたり活用したりする中で，他の学習や生活の場面でも活用できる程度に概念等を理解したり，技能を習得したりしているかについても評価するものである。

「知識・技能」におけるこのような考え方は，従前の「知識・理解」（各教科等において習得すべき知識や重要な概念等を理解しているかを評価），「技能」（各教科等において習得すべき技能を身に付けているかを評価）においても重視してきたものである。

具体的な評価の方法としては，ペーパーテストにおいて，事実的な知識の習得を問う問題と，知識の概念的な理解を問う問題とのバランスに配慮するなどの工夫改善を図るとともに，例えば，児童生徒が文章による説明をしたり，各教科等の内容の特質に応じて，観察・実験したり，式やグラフで表現したりするなど，実際に知識や技能を用いる場面を設けるなど，多様な方法を適切に取り入れていくことが考えられる。

（2）「思考・判断・表現」の評価について

「思考・判断・表現」の評価は，各教科等の知識及び技能を活用して課題を解決する等のために必要な思考力，判断力，表現力等を身に付けているかを評価するものである。

「思考・判断・表現」におけるこのような考え方は，従前の「思考・判断・表現」の観点においても重視してきたものである。「思考・判断・表現」を評価するためには，教師は「主体的・対話的で深い学び」の視点からの授業改善を通じ，児童生徒が思考・判断・表現する場面を効果的に設計した上で，指導・評価することが求められる。

具体的な評価の方法としては，ペーパーテストのみならず，論述やレポートの作成，発表，グループでの話合い，作品の制作や表現等の多様な活動を取り入れたり，それらを集めたポートフォリオを活用したりするなど評価方法を工夫することが考えられる。

（3）「主体的に学習に取り組む態度」の評価について

答申において「学びに向かう力，人間性等」には，①「主体的に学習に取り組む態度」として観点別学習状況の評価を通じて見取ることができる部分と，②観点別学習状況の評価や評定にはなじまず，こうした評価では示しきれないことから個人内評価を通じて見取る部分があることに留意する必要があるとされている。すなわち，②については観点別学習状況の評価の対象外とする必要がある。

「主体的に学習に取り組む態度」の評価に際しては，単に継続的な行動や積極的な発言を行うなど，性格や行動面の傾向を評価するということではなく，各教科等の「主体的に学習に取り組む態度」に係る観点の趣旨に照らして，知識及び技能を習得したり，

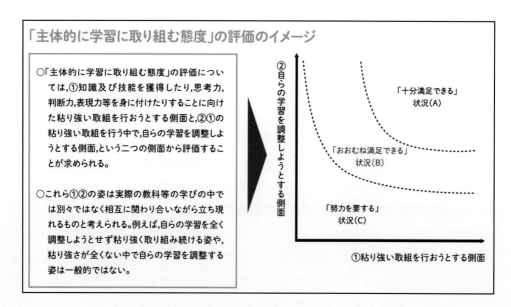

思考力，判断力，表現力等を身に付けたりするために，自らの学習状況を把握し，学習の進め方について試行錯誤するなど自らの学習を調整しながら，学ぼうとしているかどうかという意思的な側面を評価することが重要である。

従前の「関心・意欲・態度」の観点も，各教科等の学習内容に関心をもつことのみならず，よりよく学ぼうとする意欲をもって学習に取り組む態度を評価するという考え方に基づいたものであり，この点を「主体的に学習に取り組む態度」として改めて強調するものである。

本観点に基づく評価は，「主体的に学習に取り組む態度」に係る各教科等の評価の観点の趣旨に照らして，

①　知識及び技能を獲得したり，思考力，判断力，表現力等を身に付けたりすることに向けた粘り強い取組を行おうとしている側面

②　①の粘り強い取組を行う中で，自らの学習を調整しようとする側面

という二つの側面を評価することが求められる[2]。（図４参照）

ここでの評価は，児童生徒の学習の調整が「適切に行われているか」を必ずしも判断するものではなく，学習の調整が知識及び技能の習得などに結び付いていない場合には，教師が学習の進め方を適切に指導することが求められる。

具体的な評価の方法としては，ノートやレポート等における記述，授業中の発言，教師による行動観察や児童生徒による自己評価や相互評価等の状況を，教師が評価を行う際に考慮する材料の一つとして用いることなどが考えられる。

図４

---

[2] これら①②の姿は実際の教科等の学びの中では別々ではなく相互に関わり合いながら立ち現れるものと考えられることから，実際の評価の場面においては，双方の側面を一体的に見取ることも想定される。例えば，自らの学習を全く調整しようとせず粘り強く取り組み続ける姿や，粘り強さが全くない中で自らの学習を調整する姿は一般的ではない。

なお，学習指導要領の「2　内容」に記載のない「主体的に学習に取り組む態度」
の評価については，後述する第2章1（2）を参照のこと[3]。

5　改善等通知における特別の教科　道徳，外国語活動（小学校），総合的な学習の時間，特別活動の指導要録の記録

改善等通知においては，各教科の学習の記録とともに，以下の（1）～（4）の各教科等の指導要録における学習の記録について以下のように示されている。

（1）特別の教科　道徳について

中学校等については，改善等通知別紙2に，「道徳の評価については，28文科初第604号「学習指導要領の一部改正に伴う小学校，中学校及び特別支援学校小学部・中学部における児童生徒の学習評価及び指導要録の改善等について（通知）」に基づき，学習活動における生徒の学習状況や道徳性に係る成長の様子を個人内評価として文章で端的に記述する」こととされている（小学校等についても別紙1に同旨）。

（2）外国語活動について（小学校）

改善等通知には，「外国語活動の記録については，評価の観点を記入した上で，それらの観点に照らして，児童の学習状況に顕著な事項がある場合にその特徴を記入する等，児童にどのような力が身に付いたかを文章で端的に記述すること」とされている。また，「評価の観点については，設置者は，小学校学習指導要領等に示す外国語活動の目標を踏まえ，改善等通知別紙4を参考に設定する」こととされている。

（3）総合的な学習の時間について

中学校等については，改善等通知別紙2に，「総合的な学習の時間の記録については，この時間に行った学習活動及び各学校が自ら定めた評価の観点を記入した上で，それらの観点のうち，生徒の学習状況に顕著な事項がある場合などにその特徴を記入する等，生徒にどのような力が身に付いたかを文章で端的に記述すること」とされている。また，「評価の観点については，各学校において具体的に定めた目標，内容に基づいて別紙4を参考に定めること」とされている（小学校等についても別紙1に同旨）。

---

[3] 各教科等によって，評価の対象に特性があることに留意する必要がある。例えば，体育・保健体育科の運動に関する領域においては，公正や協力などを，育成する「態度」として学習指導要領に位置付けており，各教科等の目標や内容に対応した学習評価が行われることとされている。

（4）特別活動について

中学校等については，改善等通知別紙2に，「特別活動の記録については，各学校が自ら定めた特別活動全体に係る評価の観点を記入した上で，各活動・学校行事ごとに，評価の観点に照らして十分満足できる活動の状況にあると判断される場合に，○印を記入する」とされている。また，「評価の観点については，学習指導要領等に示す特別活動の目標を踏まえ，各学校において改善等通知別紙4を参考に定める。その際，特別活動の特質や学校として重点化した内容を踏まえ，例えば『主体的に生活や人間関係をよりよくしようとする態度』などのように，より具体的に定めることも考えられる。記入に当たっては，特別活動の学習が学校や学級における集団活動や生活を対象に行われるという特質に留意する」とされている（小学校等についても別紙1に同旨）。

なお，特別活動は学級担任以外の教師が指導する活動が多いことから，評価体制を確立し，共通理解を図って，児童生徒のよさや可能性を多面的・総合的に評価するとともに，確実に資質・能力が育成されるよう指導の改善に生かすことが求められる。

6　障害のある児童生徒の学習評価について

学習評価に関する基本的な考え方は，障害のある児童生徒の学習評価についても変わるものではない。

障害のある児童生徒については，特別支援学校等の助言又は援助を活用しつつ，個々の児童生徒の障害の状態や特性及び心身の発達の段階に応じた指導内容や指導方法の工夫を行い，その評価を適切に行うことが必要である。また，指導内容や指導方法の工夫については，学習指導要領の各教科の「指導計画の作成と内容の取扱い」の「指導計画作成上の配慮事項」の「障害のある児童生徒への配慮についての事項」についての学習指導要領解説も参考となる。

7　評価の方針等の児童生徒や保護者への共有について

学習評価の妥当性や信頼性を高めるとともに，児童生徒自身に学習の見通しをもたせるために，学習評価の方針を事前に児童生徒と共有する場面を必要に応じて設けることが求められており，児童生徒に評価の結果をフィードバックする際にも，どのような方針によって評価したのかを改めて児童生徒に共有することも重要である。

また，新学習指導要領下での学習評価の在り方や基本方針等について，様々な機会を捉えて保護者と共通理解を図ることが非常に重要である。

第2章　学習評価の基本的な流れ

1　各教科における評価規準の作成及び評価の実施等について

（1）目標と観点の趣旨との対応関係について

　　　評価規準の作成に当たっては，各学校の実態に応じて目標に準拠した評価を行うために，「評価の観点及びその趣旨[4]」が各教科等の目標を踏まえて作成されていること，また同様に，「学年別（又は分野別）の評価の観点の趣旨[5]」が学年（又は分野）の目標を踏まえて作成されていることを確認することが必要である。

　　　なお，「主体的に学習に取り組む態度」の観点は，教科等及び学年（又は分野）の目標の（3）に対応するものであるが，観点別学習状況の評価を通じて見取ることができる部分をその内容として整理し，示していることを確認することが必要である。（図5，6参照）

図5

【学習指導要領「教科の目標」】

学習指導要領　各教科等の「第1　目標」

(1)	(2)	(3)
（知識及び技能に関する目標）	（思考力，判断力，表現力等に関する目標）	（学びに向かう力，人間性等に関する目標）[6]

【改善等通知「評価の観点及びその趣旨」】

改善等通知　別紙4　評価の観点及びその趣旨

観点	知識・技能	思考・判断・表現	主体的に学習に取り組む態度
趣旨	（知識・技能の観点の趣旨）	（思考・判断・表現の観点の趣旨）	（主体的に学習に取り組む態度の観点の趣旨）

---

[4] 各教科等の学習指導要領の目標の規定を踏まえ，観点別学習状況の評価の対象とするものについて整理したものが教科等の観点の趣旨である。

[5] 各学年（又は分野）の学習指導要領の目標を踏まえ，観点別学習状況の評価の対象とするものについて整理したものが学年別（又は分野別）の観点の趣旨である。

[6] 学びに向かう力，人間性等に関する目標には，個人内評価として実施するものも含まれている。（P.8 図3参照）※学年（又は分野）の目標についても同様である。

図6

【学習指導要領「学年（又は分野）の目標」】

学習指導要領　各教科等の「第2　各学年の目標及び内容」の学年ごとの「1　目標」

(1)	(2)	(3)
（知識及び技能に関する目標）	（思考力，判断力，表現力等に関する目標）	（学びに向かう力，人間性等に関する目標）

⬇　⬇　⬇

【改善等通知　別紙4「学年別（又は分野別）の評価の観点の趣旨」】

観点	知識・技能	思考・判断・表現	主体的に学習に取り組む態度
趣旨	（知識・技能の観点の趣旨）	（思考・判断・表現の観点の趣旨）	（主体的に学習に取り組む態度の観点の趣旨）

（2）「内容のまとまりごとの評価規準」とは

　　本参考資料では，評価規準の作成等について示す。具体的には，学習指導要領の規定から「内容のまとまりごとの評価規準」を作成する際の手順を示している。ここでの「内容のまとまり」とは，学習指導要領に示す各教科等の「第2　各学年の目標及び内容　2　内容」の項目等をそのまとまりごとに細分化したり整理したりしたものである[7]。平成29年改訂学習指導要領においては資質・能力の三つの柱に基づく構造化が行われたところであり，基本的には，学習指導要領に示す各教科等の「第2　各学年（分野）の目標及び内容」の「2　内容」において[8]，「内容のまとまり」ごとに育成を目指す資質・

---

[7] 各教科等の学習指導要領の「第3　指導計画の作成と内容の取扱い」1(1)に「単元（題材）などの内容や時間のまとまり」という記載があるが，この「内容や時間のまとまり」と，本参考資料における「内容のまとまり」は同義ではないことに注意が必要である。前者は，主体的・対話的で深い学びを実現するため，主体的に学習に取り組めるよう学習の見通しを立てたり学習したことを振り返ったりして自身の学びや変容を自覚できる場面をどこに設定するか，対話によって自分の考えなどを広げたり深めたりする場面をどこに設定するか，学びの深まりをつくりだすために，児童生徒が考える場面と教師が教える場面をどのように組み立てるか，といった視点による授業改善は，1単位時間の授業ごとに考えるのではなく，単元や題材などの一定程度のまとまりごとに検討されるべきであることが示されたものである。後者（本参考資料における「内容のまとまり」）については，本文に述べるとおりである。

[8] 小学校家庭においては，「第2　各学年の内容」，「1　内容」，小学校外国語・外国語活動，中学校外国語においては，「第2　各言語の目標及び内容等」，「1　目標」である。

能力が示されている。このため、「2 内容」の記載はそのまま学習指導の目標となりうるものである[9]。学習指導要領の目標に照らして観点別学習状況の評価を行うに当たり、児童生徒が資質・能力を身に付けた状況を表すために、「2 内容」の記載事項の文末を「～すること」から「～している」と変換したもの等を、本参考資料において「内容のまとまりごとの評価規準」と呼ぶこととする[10]。

ただし、「主体的に学習に取り組む態度」に関しては、特に、児童生徒の学習への継続的な取組を通して現れる性質を有すること等から[11]、「2 内容」に記載がない[12]。そのため、各学年（又は分野）の「1 目標」を参考にしつつ、必要に応じて、改善等通知別紙4に示された学年（又は分野）別の評価の観点の趣旨のうち「主体的に学習に取り組む態度」に関わる部分を用いて「内容のまとまりごとの評価規準」を作成する必要がある。

なお、各学校においては、「内容のまとまりごとの評価規準」の考え方を踏まえて、学習評価を行う際の評価規準を作成する。

（3）「内容のまとまりごとの評価規準」を作成する際の基本的な手順

各教科における、「内容のまとまりごとの評価規準」を作成する際の基本的な手順は以下のとおりである。

学習指導要領に示された教科及び学年（又は分野）の目標を踏まえて、「評価の観点及びその趣旨」が作成されていることを理解した上で、

① 各教科における「内容のまとまり」と「評価の観点」との関係を確認する。

② 【観点ごとのポイント】を踏まえ、「内容のまとまりごとの評価規準」を作成する。

---

[9] 「2 内容」において示されている指導事項等を整理することで「内容のまとまり」を構成している教科もある。この場合は、整理した資質・能力をもとに、構成された「内容のまとまり」に基づいて学習指導の目標を設定することとなる。また、目標や評価規準の設定は、教育課程を編成する主体である各学校が、学習指導要領に基づきつつ児童生徒や学校、地域の実情に応じて行うことが必要である。

[10] 小学校家庭、中学校技術・家庭（家庭分野）については、学習指導要領の目標及び分野の目標の（2）に思考力・判断力・表現力等の育成に係る学習過程が記載されているため、これらを踏まえて「内容のまとまりごとの評価規準」を作成する必要がある。

[11] 各教科等の特性によって単元や題材など内容や時間のまとまりはさまざまであることから、評価を行う際は、それぞれの実現状況が把握できる段階について検討が必要である。

[12] 各教科等によって、評価の対象に特性があることに留意する必要がある。例えば、体育・保健体育科の運動に関する領域においては、公正や協力などを、育成する「態度」として学習指導要領に位置付けており、各教科等の目標や内容に対応した学習評価が行われることとされている。

①，②については，第2編において詳述する。同様に，【観点ごとのポイント】についても，第2編に各教科等において示している。

（4）評価の計画を立てることの重要性

　学習指導のねらいが児童生徒の学習状況として実現されたかについて，評価規準に照らして観察し，毎時間の授業で適宜指導を行うことは，育成を目指す資質・能力を児童生徒に育むためには不可欠である。その上で，評価規準に照らして，観点別学習状況の評価をするための記録を取ることになる。そのためには，いつ，どのような方法で，児童生徒について観点別学習状況を評価するための記録を取るのかについて，評価の計画を立てることが引き続き大切である。

　毎時間児童生徒全員について記録を取り，総括の資料とするために蓄積することは現実的ではないことからも，児童生徒全員の学習状況を記録に残す場面を精選し，かつ適切に評価するための評価の計画が一層重要になる。

（5）観点別学習状況の評価に係る記録の総括

　適切な評価の計画の下に得た，児童生徒の観点別学習状況の評価に係る記録の総括の時期としては，単元（題材）末，学期末，学年末等の節目が考えられる。

　総括を行う際，観点別学習状況の評価に係る記録が，観点ごとに複数ある場合は，例えば，次のような方法が考えられる。

- **評価結果のＡ，Ｂ，Ｃの数を基に総括する場合**

　何回か行った評価結果のＡ，Ｂ，Ｃの数が多いものが，その観点の学習の実施状況を最もよく表現しているとする考え方に立つ総括の方法である。例えば，3回評価を行った結果が「ＡＢＢ」ならばＢと総括することが考えられる。なお，「ＡＡＢＢ」の総括結果をＡとするかＢとするかなど，同数の場合や三つの記号が混在する場合の総括の仕方をあらかじめ各学校において決めておく必要がある。

- **評価結果のＡ，Ｂ，Ｃを数値に置き換えて総括する場合**

　何回か行った評価結果Ａ，Ｂ，Ｃを，例えばＡ＝3，Ｂ＝2，Ｃ＝1のように数値によって表し，合計したり平均したりする総括の方法である。例えば，総括の結果をＢとする範囲を［2.5≧平均値≧1.5］とすると，「ＡＢＢ」の平均値は，約2.3［（3＋2＋2）÷3］で総括の結果はＢとなる。

　なお，評価の各節目のうち特定の時点に重きを置いて評価を行う場合など，この例のような平均値による方法以外についても様々な総括の方法が考えられる。

（6）観点別学習状況の評価の評定への総括

　評定は，各教科の観点別学習状況の評価を総括した数値を示すものである。評定は，児童生徒がどの教科の学習に望ましい学習状況が認められ，どの教科の学習に課題が

認められるのかを明らかにすることにより，教育課程全体を見渡した学習状況の把握と指導や学習の改善に生かすことを可能とするものである。

評定への総括は，学期末や学年末などに行われることが多い。学年末に評定へ総括する場合には，学期末に総括した評定の結果を基にする場合と，学年末に観点ごとに総括した結果を基にする場合が考えられる。

観点別学習状況の評価の評定への総括は，各観点の評価結果をＡ，Ｂ，Ｃの組合せ，又は，Ａ，Ｂ，Ｃを数値で表したものに基づいて総括し，その結果を小学校では３段階，中学校では５段階で表す。

Ａ，Ｂ，Ｃの組合せから評定に総括する場合，各観点とも同じ評価がそろう場合は，小学校については，「ＢＢＢ」であれば２を基本としつつ，「ＡＡＡ」であれば３，「ＣＣＣ」であれば１とするのが適当であると考えられる。中学校については，「ＢＢＢ」であれば３を基本としつつ，「ＡＡＡ」であれば５又は４，「ＣＣＣ」であれば２又は１とするのが適当であると考えられる。それ以外の場合は，各観点のＡ，Ｂ，Ｃの数の組合せから適切に評定することができるようあらかじめ各学校において決めておく必要がある。

なお，観点別学習状況の評価結果は，「十分満足できる」状況と判断されるものをＡ，「おおむね満足できる」状況と判断されるものをＢ，「努力を要する」状況と判断されるものをＣのように表されるが，そこで表された学習の実現状況には幅があるため，機械的に評定を算出することは適当ではない場合も予想される。

また，評定は，小学校については，小学校学習指導要領等に示す各教科の目標に照らして，その実現状況を「十分満足できる」状況と判断されるものを３，「おおむね満足できる」状況と判断されるものを２，「努力を要する」状況と判断されるものを１，中学校については，中学校学習指導要領等に示す各教科の目標に照らして，その実現状況を「十分満足できるもののうち，特に程度が高い」状況と判断されるものを５，「十分満足できる」状況と判断されるものを４，「おおむね満足できる」状況と判断されるものを３，「努力を要する」状況と判断されるものを２，「一層努力を要する」状況と判断されるものを１という数値で表される。しかし，この数値を児童生徒の学習状況について三つ（小学校）又は五つ（中学校）に分類したものとして捉えるのではなく，常にこの結果の背景にある児童生徒の具体的な学習の実現状況を思い描き，適切に捉えることが大切である。評定への総括に当たっては，このようなことも十分に検討する必要がある[13]。

なお，各学校では観点別学習状況の評価の観点ごとの総括及び評定への総括の考え

---

13 改善等通知では，「評定は各教科の学習の状況を総括的に評価するものであり，『観点別学習状況』において掲げられた観点は，分析的な評価を行うものとして，各教科の評定を行う場合において基本的な要素となるものであることに十分留意する。その際，評定の適切な決定方法等については，各学校において定める。」と示されている。(P.7，8参照)

方や方法について，教師間で共通理解を図り，児童生徒及び保護者に十分説明し理解を得ることが大切である。

2 総合的な学習の時間における評価規準の作成及び評価の実施等について

（1）総合的な学習の時間の「評価の観点」について

平成29年改訂学習指導要領では，各教科等の目標や内容を「知識及び技能」，「思考力，判断力，表現力等」，「学びに向かう力，人間性等」の資質・能力の三つの柱で再整理しているが，このことは総合的な学習の時間においても同様である。

総合的な学習の時間においては，学習指導要領が定める目標を踏まえて各学校が目標や内容を設定するという総合的な学習の時間の特質から，各学校が観点を設定するという枠組みが維持されている。一方で，各学校が目標や内容を定める際には，学習指導要領において示された以下について考慮する必要がある。

【各学校において定める目標】
・ 各学校において定める目標については，各学校における教育目標を踏まえ，総合的な学習の時間を通して育成を目指す資質・能力を示すこと。 （第2の3(1)）

総合的な学習の時間を通して育成を目指す資質・能力を示すとは，各学校における教育目標を踏まえて，各学校において定める目標の中に，この時間を通して育成を目指す資質・能力を，三つの柱に即して具体的に示すということである。

【各学校において定める内容】
・ 探究課題の解決を通して育成を目指す具体的な資質・能力については，次の事項に配慮すること。
ア 知識及び技能については，他教科等及び総合的な学習の時間で習得する知識及び技能が相互に関連付けられ，社会の中で生きて働くものとして形成されるようにすること。
イ 思考力，判断力，表現力等については，課題の設定，情報の収集，整理・分析，まとめ・表現などの探究的な学習の過程において発揮され，未知の状況において活用できるものとして身に付けられるようにすること。
ウ 学びに向かう力，人間性等については，自分自身に関すること及び他者や社会との関わりに関することの両方の視点を踏まえること。 （第2の3(6)）

各学校において定める内容について，今回の改訂では新たに，「目標を実現するにふさわしい探究課題」，「探究課題の解決を通して育成を目指す具体的な資質・能力」の二つを定めることが示された。「探究課題の解決を通して育成を目指す具体的な資質・能力」とは，各学校において定める目標に記された資質・能力を，各探究課題に即して具体的に示したものであり，教師の適切な指導の下，児童生徒が各探究課題の解決に取り組む中で，育成することを目指す資質・能力のことである。この具体的な資質・能力も，「知識及び技能」，「思考力，判断力，表現力等」，「学びに向かう力，人間性等」という

資質・能力の三つの柱に即して設定していくことになる。

　このように，各学校において定める目標と内容には，三つの柱に沿った資質・能力が明示されることになる。

　したがって，資質・能力の三つの柱で再整理した新学習指導要領の下での指導と評価の一体化を推進するためにも，評価の観点についてこれらの資質・能力に関わる「知識・技能」，「思考・判断・表現」，「主体的に学習に取り組む態度」の3観点に整理し示したところである。

（2）総合的な学習の時間の「内容のまとまり」の考え方

　学習指導要領の第2の2では，「各学校においては，第1の目標を踏まえ，各学校の総合的な学習の時間の内容を定める。」とされており，各教科のようにどの学年で何を指導するのかという内容を明示していない。これは，各学校が，学習指導要領が定める目標の趣旨を踏まえて，地域や学校，児童生徒の実態に応じて，創意工夫を生かした内容を定めることが期待されているからである。

　この内容の設定に際しては，前述したように「目標を実現するにふさわしい探究課題」，「探究課題の解決を通して育成を目指す具体的な資質・能力」の二つを定めることが示され，探究課題としてどのような対象と関わり，その探究課題の解決を通して，どのような資質・能力を育成するのかが内容として記述されることになる。（図7参照）

図7

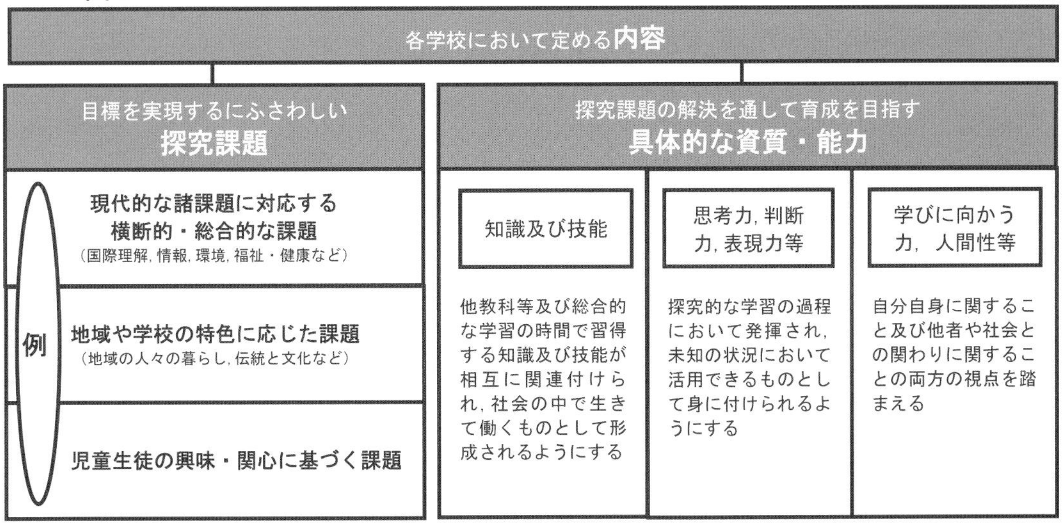

　本参考資料第1編第2章の1（2）では，「内容のまとまり」について，「学習指導要領に示す各教科等の『第2　各学年の目標及び内容　2　内容』の項目等をそのまとまりごとに細分化したり整理したりしたもので，『内容のまとまり』ごとに育成を目指す資質・能力が示されている」と説明されている。

　したがって，総合的な学習の時間における「内容のまとまり」とは，全体計画に示した「目標を実現するにふさわしい探究課題」のうち，一つ一つの探究課題とその探究課題に応じて定めた具体的な資質・能力と考えることができる。

（3）「内容のまとまりごとの評価規準」を作成する際の基本的な手順

　　総合的な学習の時間における，「内容のまとまりごとの評価規準」を作成する際の基本的な手順は以下のとおりである。

> ①　各学校において定めた目標（第2の1）と「評価の観点及びその趣旨」を確認する。

> ②　各学校において定めた内容の記述（「内容のまとまり」として探究課題ごとに作成した「探究課題の解決を通して育成を目指す具体的な資質・能力」）が，観点ごとにどのように整理されているかを確認する。

> ③【観点ごとのポイント】を踏まえ，「内容のまとまりごとの評価規準」を作成する。

3　特別活動の「評価の観点」とその趣旨，並びに評価規準の作成及び評価の実施等について

（1）特別活動の「評価の観点」とその趣旨について

　　特別活動においては，改善等通知において示されたように，特別活動の特質と学校の創意工夫を生かすということから，設置者ではなく，「各学校で評価の観点を定める」ものとしている。本参考資料では「評価の観点」とその趣旨の設定について示している。

（2）特別活動の「内容のまとまり」

　　小学校においては，学習指導要領の内容の〔学級活動〕「（1）学級や学校における生活づくりへの参画」，「（2）日常の生活や学習への適応と自己の成長及び健康安全」，「（3）一人一人のキャリア形成と自己実現」，〔児童会活動〕，〔クラブ活動〕，〔学校行事〕（1）儀式的行事，（2）文化的行事，（3）健康安全・体育的行事，（4）遠足・集団宿泊的行事，（5）勤労生産・奉仕的行事を「内容のまとまり」とした。

　　中学校においては，学習指導要領の内容の〔学級活動〕「（1）学級や学校における生活づくりへの参画」，「（2）日常の生活や学習への適応と自己の成長及び健康安全」，「（3）一人一人のキャリア形成と自己実現」，〔生徒会活動〕，〔学校行事〕（1）儀式的行事，（2）文化的行事，（3）健康安全・体育的行事，（4）旅行・集団宿泊的行事，（5）勤労生産・奉仕的行事を「内容のまとまり」とした。

（3）特別活動の「評価の観点」とその趣旨，並びに「内容のまとまりごとの評価規準」を作成する際の基本的な手順

　　各学校においては，学習指導要領に示された特別活動の目標及び内容を踏まえ，自校の実態に即し，改善等通知の例示を参考に観点を作成する。その際，例えば，特別活動の特質や学校として重点化した内容を踏まえて，具体的な観点を設定することが考えられる。

　また，学習指導要領解説では，各活動・学校行事の内容ごとに育成を目指す資質・能力が例示されている。そこで，学習指導要領で示された「各活動・学校行事の目標」及び学習指導要領解説で例示された「資質・能力」を確認し，各学校の実態に合わせて育成を目指す資質・能力を重点化して設定する。

　次に，各学校で設定した，各活動・学校行事で育成を目指す資質・能力を踏まえて，「内容のまとまりごとの評価規準」を作成する。その際，小学校の学級活動においては，学習指導要領で示した「各学年段階における配慮事項」や，学習指導要領解説に示した「発達の段階に即した指導のめやす」を踏まえて，低・中・高学年ごとに評価規準を作成することが考えられる。基本的な手順は以下のとおりである。

---

① 　学習指導要領の「特別活動の目標」と改善等通知を確認する。

---

② 　学習指導要領の「特別活動の目標」と自校の実態を踏まえ，改善等通知の例示を参考に，特別活動の「評価の観点」とその趣旨を設定する。

---

③ 　学習指導要領の「各活動・学校行事の目標」及び学習指導要領解説特別活動編（平成 29 年 7 月）で例示した「各活動・学校行事における育成を目指す資質・能力」を参考に，各学校において育成を目指す資質・能力を重点化して設定する。

---

④ 　【観点ごとのポイント】を踏まえ，「内容のまとまりごとの評価規準」を作成する。

（参考）平成23年「評価規準の作成，評価方法等の工夫改善のための参考資料」からの変更点について

　今回作成した本参考資料は，平成23年の「評価規準の作成，評価方法等の工夫改善のための参考資料」を踏襲するものであるが，以下のような変更点があることに留意が必要である[14]。

　まず，平成23年の参考資料において使用していた「評価規準に盛り込むべき事項」や「評価規準の設定例」については，報告において「現行の参考資料のように評価規準を詳細に示すのではなく，各教科等の特質に応じて，学習指導要領の規定から評価規準を作成する際の手順を示すことを基本とする」との指摘を受け，第2編において示すことを改め，本参考資料の第3編における事例の中で，各教科等の事例に沿った評価規準を例示したり，その作成手順等を紹介したりする形に改めている。

　次に，本参考資料の第2編に示す「内容のまとまりごとの評価規準」は，平成23年の「評価規準の作成，評価方法等の工夫改善のための参考資料」において示した「評価規準に盛り込むべき事項」と作成の手順を異にする。具体的には，「評価規準に盛り込むべき事項」は，平成20年改訂学習指導要領における各教科等の目標，各学年（又は分野）の目標及び内容の記述を基に，学習評価及び指導要録の改善通知で示している各教科等の評価の観点及びその趣旨，学年（又は分野）別の評価の観点の趣旨を踏まえて作成したものである。

　また，平成23年の参考資料では「評価規準に盛り込むべき事項」をより具体化したものを「評価規準の設定例」として示している。「評価規準の設定例」は，原則として，学習指導要領の各教科等の目標，学年（又は分野）別の目標及び内容のほかに，当該部分の学習指導要領解説（文部科学省刊行）の記述を基に作成していた。他方，本参考資料における「内容のまとまりごとの評価規準」については，平成29年改訂の学習指導要領の目標及び内容が育成を目指す資質・能力に関わる記述で整理されたことから，既に確認のとおり，そこでの「内容のまとまり」ごとの記述を，文末を変換するなどにより評価規準とすることを可能としており，学習指導要領の記載と表裏一体をなす関係にあると言える。

　さらに，「主体的に学習に取り組む態度」の「各教科等・各学年等の評価の観点の趣旨」についてである。前述のとおり，従前の「関心・意欲・態度」の観点から「主体的に学習に取り組む態度」の観点に改められており，「主体的に学習に取り組む態度」の観点に関しては各学年（又は分野）の「1　目標」を参考にしつつ，必要に応じて，改善等通知別紙4に示された学年（又は分野）別の評価の観点の趣旨のうち「主体的に学習に取り組む態度」に関わる部分を用いて「内容のまとまりごとの評価規準」を作成する必要がある。

---

[14] 特別活動については，これまでも三つの観点に基づいて児童生徒の資質・能力の育成を目指し，指導に生かしてきたところであり，上記の変更点に該当するものではないことに留意が必要である。

報告にあるとおり，「主体的に学習に取り組む態度」は，現行の「関心・意欲・態度」の観点の本来の趣旨であった，各教科等の学習内容に関心をもつことのみならず，よりよく学ぼうとする意欲をもって学習に取り組む態度を評価することを改めて強調するものである。また，本観点に基づく評価としては，「主体的に学習に取り組む態度」に係る各教科等の評価の観点の趣旨に照らし，

① 知識及び技能を獲得したり，思考力，判断力，表現力等を身に付けたりすることに向けた粘り強い取組を行おうとする側面と，

② ①の粘り強い取組を行う中で，自らの学習を調整しようとする側面，

という二つの側面を評価することが求められるとされた[15]。

以上の点から，今回の改善等通知で示した「主体的に学習に取り組む態度」の「各教科等・各学年等の評価の観点の趣旨」は，平成22年通知で示した「関心・意欲・態度」の「各教科等・各学年等の評価の観点の趣旨」から改められている。

---

[15] 各教科等によって，評価の対象に特性があることに留意する必要がある。例えば，体育・保健体育科の運動に関する領域においては，公正や協力などを，育成する「態度」として学習指導要領に位置付けており，各教科等の目標や内容に対応した学習評価が行われることとされている。

第2編

「内容のまとまりごとの評価規準」

を作成する際の手順

中学校総合的な学習の時間における評価を行うに当たって

基本的な考え方

　報告において，「よりよい学校教育がよりよい社会をつくる」という理念を共有し，学校と社会との連携・協働を求める「社会に開かれた教育課程」の実現に向けて，変化の激しいこれからの社会を生きる子供たちに必要な資質・能力を整理した上で，その育成に向けた教育内容，学習・指導の改善，児童生徒の発達を踏まえた指導，学習評価の在り方など，学習指導要領等の改善に向けた基本的な考え方が示された。また，新しい学習指導要領等の下での各学校における教育課程の編成，実施，評価，改善の一連の取組が，授業改善を含めた学校の教育活動の質の向上につながるものとして組織的，計画的に展開されるよう，各学校におけるカリキュラム・マネジメントの確立を求めている。

　この報告を受け，改善等通知では，「この時間に行った学習活動及び各学校が自ら定めた評価の観点を記入した上で，それらの観点のうち，生徒の学習状況に顕著な事項がある場合などにその特徴を記入する等，生徒にどのような力が身に付いたかを文章で端的に記述する。」としている。また，評価の観点については，「中学校学習指導要領等に示す総合的な学習の時間の目標を踏まえ，各学校において具体的に定めた目標，内容に基づいて別紙4を参考に定める。」とし，「評価の観点及びその趣旨」として以下の表を示した。

＜中学校　総合的な学習の時間の記録＞

観点	知識・技能	思考・判断・表現	主体的に学習に取り組む態度
趣旨	探究的な学習の過程において，課題の解決に必要な知識や技能を身に付け，課題に関わる概念を形成し，探究的な学習のよさを理解している。	実社会や実生活の中から問いを見いだし，自分で課題を立て，情報を集め，整理・分析して，まとめ・表現している。	探究的な学習に主体的・協働的に取り組もうとしているとともに，互いのよさを生かしながら，積極的に社会に参画しようとしている。

従前の評価の観点の例示とその考え方

　これまで総合的な学習の時間の評価の観点については，総合的な学習の時間の目標を踏まえ，各学校において具体的に定めた目標，内容に基づいて定めることとされ，次のような例示を参考にするなどして設定されてきた。

【総合的な学習の時間の目標（第1の目標）を踏まえた評価の観点の例】

第1　目標
　横断的・総合的な学習や探究的な学習を通して，自ら課題を見付け，自ら学び，自ら考え，主体的に判断し，よりよく問題を解決する資質や能力を育成するとともに，学び方やものの考え方を身に付け，問題の解決や探究活動に主体的，創造的，協同的に取り組む態度を育て，自己の生き方を考えることができるようにする。

観点例	よりよく問題を解決する資質や能力	学び方やものの考え方	主体的，創造的，協同的に取り組む態度	自己の生き方

【学習指導要領に示された視点（第3の1(4)）を踏まえた評価の観点の例】

第3の1(4)

　育てようとする資質や能力及び態度については，例えば，学習方法に関すること，自分自身に関すること，他者や社会とのかかわりに関することなどの視点を踏まえること。

観点例	課題設定の力 （学習方法）	情報収集の力 （学習方法）	将来設計の力 （自分自身）	社会参画の力 （他者や社会との関わり）

【各教科の観点との関連を明確にした評価の観点の例】

観点例	関心・意欲・態度	思考・判断・表現	技能	知識・理解

今回改訂における評価の観点の考え方

　今回の学習指導要領改訂では，各教科等の目標や内容を「知識及び技能」「思考力，判断力，表現力等」「学びに向かう力，人間性等」の資質・能力の三つの柱で再整理しているが，このことは総合的な学習の時間においても同様である。それは，中学校学習指導要領第4章第2の3の(6)において，探究課題の解決を通して育成を目指す具体的な資質・能力については，

　　ア　知識及び技能については，他教科等及び総合的な学習の時間で習得する知識及び技能が相互に関連付けられ，社会の中で生きて働くものとして形成されるようにすること。

　　イ　思考力，判断力，表現力等については，課題の設定，情報の収集，整理・分析，まとめ・表現などの探究的な学習の過程において発揮され，未知の状況において活用できるものとして身に付けられるようにすること。

　　ウ　学びに向かう力，人間性等については，自分自身に関すること及び他者や社会との関わりに関することの両方の視点を踏まえること。

に配慮するとされたことからも明らかである。

　総合的な学習の時間においては，学習指導要領が定める目標を踏まえて各学校が目標や内容を設定するという総合的な学習の時間の特質から，各学校が観点を設定するという枠組みが維持されているが，資質・能力の三つの柱で再整理した新学習指導要領の下での指導と評価の一体化を推進するためにも，評価の観点についてこれらの資質・能力に関わる「知識・技能」，「思考・判断・表現」，「主体的に学習に取り組む態度」の3観点に整理し示したところである。

　なお，指導要録については，これまでどおり，実施した「学習活動」，「評価の観点」，「評価」の三つの欄で構成し，その生徒のよさや成長の様子など顕著な事項を文章で記述することが考えられる。

1　総合的な学習の時間における「内容のまとまり」

　学習指導要領には，各教科等のようにどの学年で何を指導するのかという内容を明示していないため，各学校においては，学習指導要領が定める目標を踏まえ，各学校の総合的な学習の時間の内容を定めることになる。これは，各学校が，学習指導要領が定める目標の趣旨を踏まえ定めた目標の下で，地域や学校，生徒の実態に応じて，創意工夫を生かした内容を定めることが期待されているからである。

　今回の改訂において，総合的な学習の時間については，内容の設定に際し，「目標を実現するにふさわしい探究課題」，「探究課題の解決を通して育成を目指す具体的な資質・能力」の二つを定めることが示された。

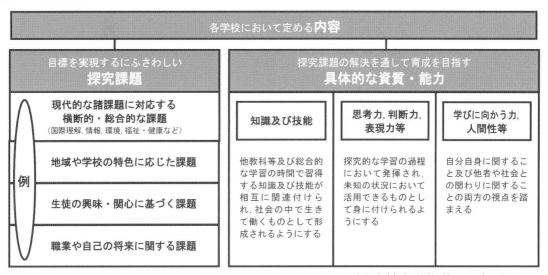

（中学校学習指導要領解説　P18）

【目標を実現するにふさわしい探究課題（例）】

　目標を実現するにふさわしい探究課題とは，目標の実現に向けて学校として設定した，生徒が探究的な学習に取り組む課題であり，従来「学習対象」として説明されてきたものに相当する。つまり，探究課題とは，探究的に関わりを深める人・もの・ことを示したものである。

　具体的には，例えば「地域の自然環境とそこに起きている環境問題」，「地域の伝統や文化とその継承に力を注ぐ人々」，「職業の選択と社会への貢献」などが考えられる。

四つの課題	探究課題の例
横断的・総合的な課題 （現代的な諸課題）	地域に暮らす外国人とその人たちが大切にしている文化や価値観（国際理解）
	情報化の進展とそれに伴う日常生活や社会の変化（情報）
	地域の自然環境とそこに起きる環境問題（環境）
	身の回りの高齢者とその暮らしを支援する仕組みや人々（福祉）
	毎日の健康な生活とストレスのある社会（健康）
	自分たちの消費生活と資源やエネルギーの問題（資源エネルギー）
	安心・安全な町づくりへの地域の取組と支援する人々（安全）
	食をめぐる問題とそれに関わる地域の農業や生産者（食）
	科学技術の進歩と社会生活の変化（科学技術） など
地域や学校の特色に応じた課題	町づくりや地域活性化のために取り組んでいる人々や組織（町づくり）
	地域の伝統や文化とその継承に力を注ぐ人々（伝統文化）
	商店街の再生に向けて努力する人々と地域社会（地域経済）
	防災のための安全な町づくりとその取組（防災） など
生徒の興味・関心に基づく課題	ものづくりの面白さや工夫と生活の発展（ものづくり）
	生命現象の神秘や不思議さと，そのすばらしさ（生命） など
職業や自己の将来に関する課題	職業の選択と社会への貢献（職業）
	働くことの意味や働く人の夢や願い（勤労） など

（中学校学習指導要領解説　P73〜74）

【探究課題の解決を通して育成を目指す具体的な資質・能力】

　探究課題の解決を通して育成を目指す具体的な資質・能力とは，各学校において定める目標に記された資質・能力を各探究課題に即して具体的に示したものであり，教師の適切な指導の下，生徒が各探究課題の解決に取り組む中で，育成することを目指す資質・能力のことである。資質・能力の三つの柱に沿って明らかにしていくことが求められる。

（1）知識及び技能

　探究的な学習の過程において，それぞれの課題についての事実的知識や技能が獲得される。この「知識及び技能」は，各学校が設定する内容に応じて異なることが考えられる。一方，事実的知識は探究の過程が繰り返され，連続していく中で，何度も活用され発揮されていくことで，構造化され生きて働く概念的な知識へと高まっていく。また，技能についても，何度も活用され発揮されていくことで，自在に活用可能な技能として身に付いていく。

　総合的な学習の時間では，各教科等の枠を超えて，知識や技能の統合がなされていくことにより，より一般化された概念的なものを学ぶことができる。

（2）思考力，判断力，表現力等

　「思考力，判断力，表現力等」の育成については，課題の解決に向けて行われる横断的・総合的な学習や探究的な学習において，①課題の設定，②情報の収集，③整理・分析，④まとめ・表現の探究的な学習の過程が繰り返され，連続することによって実現される。この過程では，「探究的な見方・考え方」を働かせながら，それぞれの過程で期待される資質・能力が育成される。

　この資質・能力については，これまで各学校で設定する「育てようとする資質や能力及び態度」の視点として「学習方法に関すること」としていたことに対応している。

（3）学びに向かう力，人間性等

　「学びに向かう力，人間性等」は，自分自身に関すること及び他者や社会との関わりに関することの両方の視点を踏まえることと示されている。自分自身に関することとしては，主体性や自己理解，社会参画などに関わる心情や態度，他者や社会との関わりに関することとしては，協働性，他者理解，社会貢献などに関わる心情や態度が考えられる。

　一方，自分自身に関することと他者や社会との関わりに関することとは截然と区別されるものではなく，例えば，社会に参画することや社会への貢献のように，それぞれは，積極的に社会参画をしていこうという態度を育むという意味においては他者や社会との関わりに関することであるが，探究的な活動を通して学んだことと自己理解とを結び付けながら自分の将来について夢や希望をもとうとすることは，自分自身に関することとも深く関わることであると考えることもできる。

　以上のように，総合的な学習の時間の「内容のまとまり」は，目標を実現するにふさわしい探究課題と，探究課題の解決を通して育成を目指す具体的な資質・能力の二つによって構成される。両者の関係については，目標の実現に向けて，生徒が「何について学ぶか」を表したものが探究課題であり，各探究課題との関わりを通して，具体的に「どのようなことができるようになるか」を明らかにしたものが具体的な資質・能力という関係になる。

　本参考資料第1編第2章の1（2）では，「内容のまとまり」について，学習指導要領に示す各教

科等の「第2　各学年の目標及び内容　2　内容」の項目等をそのまとまりごとに細分化したり整理したりしたもので，「内容のまとまり」ごとに育成を目指す資質・能力が示されている，と説明されている。

　したがって，総合的な学習の時間における「内容のまとまり」とは，一つ一つの探究課題とその探究課題に応じて定めた具体的な資質・能力と考えることができる。

2　中学校総合的な学習の時間における「内容のまとまりごとの評価規準」作成の基本的な手順

　「内容のまとまりごとの評価規準」は，第1編に示した基本的な手順を踏まえ，各教科等の特質に応じた形で作成する。各教科等の特質に応じた「内容のまとまりごとの評価規準」作成の具体的な手順については，次ページ以降に記載している。

---

① 　各学校において定めた目標（第2の1）と「評価の観点及びその趣旨」を確認する。

② 　各学校において定めた内容の記述（「内容のまとまり」として探究課題ごとに作成した「探究課題の解決を通して育成を目指す具体的な資質・能力」）が，観点ごとにどのように整理されているかを確認する。

③ 　【観点ごとのポイント】を踏まえ，「内容のまとまりごとの評価規準」を作成する。

3　中学校総合的な学習の時間における「内容のまとまりごとの評価規準」作成の手順

<例>

【中学校学習指導要領 第4章　総合的な学習の時間「第1　目標」】

　探究的な見方・考え方を働かせ，横断的・総合的な学習を行うことを通して，よりよく課題を解決し，自己の生き方を考えていくための資質・能力を次のとおり育成することを目指す。

	（1）	（2）	（3）
目標	探究的な学習の過程において，課題の解決に必要な知識及び技能を身に付け，課題に関わる概念を形成し，探究的な学習のよさを理解するようにする。	実社会や実生活の中から問いを見いだし，自分で課題を立て，情報を集め，整理・分析して，まとめ・表現することができるようにする。	探究的な学習に主体的・協働的に取り組むとともに，互いのよさを生かしながら，積極的に社会に参画しようとする態度を養う。

（中学校学習指導要領 P. 159）

【改善等通知　別紙4　3．総合的な学習の時間の記録（1）評価の観点及びその趣旨
　　　　　　　　　　　　　　　　　＜中学校　総合的な学習の時間の記録＞】

観点	知識・技能	思考・判断・表現	主体的に学習に取り組む態度
趣旨	探究的な学習の過程において，課題の解決に必要な知識や技能を身に付け，課題に関わる概念を形成し，探究的な学習のよさを理解している。	実社会や実生活の中から問いを見いだし，自分で課題を立て，情報を集め，整理・分析して，まとめ・表現している。	探究的な学習に主体的・協働的に取り組もうとしているとともに，互いのよさを生かしながら，積極的に社会に参画しようとしている。

（改善等通知　別紙4　P. 30）

【A中学校の例】

① 各学校において定めた目標（第2の1）と「評価の観点及びその趣旨」を確認する。

【学校において定めた総合的な学習の時間の目標】

　探究的な見方・考え方を働かせ，地域の人，もの，ことに関わる総合的な学習を通して，目的や根拠を明らかにしながら課題を解決し，自己の生き方を考えることができるようにするために，以下の資質・能力を育成する。

	（1）	（2）	（3）
目標	地域の人，もの，ことに関わる探究的な学習の過程において，課題の解決に必要な知識及び技能を身に付けるとともに，地域の特徴やよさが分かり，それらが人々の努力や工夫によって支えられていることを理解する。	地域の人，もの，ことの中から問いを見いだし，その解決に向けて仮説を立てたり，調査して得た情報を基に考えたりする力を身に付けるとともに，考えたことを，根拠を明らかにしてまとめ・表現する力を身に付ける。	地域の人，もの，ことについての探究的な学習に主体的・協働的に取り組むとともに，互いのよさを生かしながら，持続可能な社会を実現するための行動の仕方を考え，自ら社会に参画しようとする態度を養う。

（中学校学習指導要領解説総合的な学習の時間編　P.67を参考に例示）

※各学校においては，以下に留意して，各学校における総合的な学習の時間の目標を定める。
・「第1の目標」を踏まえる。〔第2の1〕
・教育目標を踏まえ，育成を目指す資質・能力を示す。〔第2の3(1)〕
・他教科等で育成を目指す資質・能力との関連を重視する。〔第2の3(2)〕
・日常生活や社会との関わりを重視する。〔第2の3(3)〕

観点	知識・技能	思考・判断・表現	主体的に学習に取り組む態度
趣旨	地域の人，もの，ことに関わる探究的な学習の過程において，課題の解決に必要な知識及び技能を身に付けているとともに，地域の特徴やよさが分かり，それらが人々の努力や工夫によって支えられていることを理解している。	地域の人，もの，ことの中から問いを見いだし，その解決に向けて仮説を立てたり，調査して得た情報を基に考えたりする力を身に付けているとともに，考えたことを，根拠を明らかにしてまとめ・表現する力を身に付けている。	地域の人，もの，ことについての探究的な学習に主体的・協働的に取り組もうとしているとともに，互いのよさを生かしながら，持続可能な社会を実現するための行動の仕方を考え，自ら社会に参画しようとしている。

【学校において定めた総合的な学習の時間評価の観点の趣旨】

※ 「知識・技能」の観点の趣旨の作成

　　学校において定めた目標のうち(1)の文末を「～について理解している」，「～を身に付けている」などとして設定することが考えられる。

※ 「思考・判断・表現」の観点の趣旨の作成

　　学校において定めた目標のうち(2)の文末を「～している」として設定することが考えられる。

※ 「主体的に学習に取り組む態度」の観点の趣旨の作成

　　学校において定めた目標のうち(3)の文末を「～しようとしている」として設定することが考えられる。

> ②　各学校において定めた内容の記述（「内容のまとまり」として探究課題ごとに作成した「探究課題の解決を通して育成を目指す具体的な資質・能力」）が，観点ごとにどのように整理されているかを確認する。

※　総合的な学習の時間における「内容のまとまり」とは，一つ一つの探究課題とその探究課題に応じて定めた具体的な資質・能力と考えることができる。これらを踏まえて，次の③の手順で「内容のまとまりごとの評価規準」を作成できる。

【内容のまとまり（A中学校第2学年の例）】

目標を実現するにふさわしい探究課題	探究課題の解決を通して育成を目指す具体的な資質・能力		
	知識及び技能	思考力，判断力，表現力等	学びに向かう力，人間性等
地域の自然環境とそこに起きている環境問題	・地域の自然環境は人間の生活の変化とともに変わるものであること，持続可能な環境の実現には多様な問題が存在していることや問題解決に向けて取り組む人々や組織があることを理解する。 ・調査活動を，目的や対象に応じた適切さで実施することができる。 ・持続可能な環境の実現に関する理解は，地域の自然環境とそこに関わる多様な人や組織との関係を探究的に学習してきたことの成果であることに気付く。	・地域の自然環境への関わりを通して感じた関心をもとに課題をつくり，見通しをもって計画を立てることができる。 ・課題の解決に必要な情報を，効果的な手段を選択して多様に収集し，種類に合わせて蓄積することができる。 ・課題解決に向けて，多様な情報の特徴に応じて整理し，考えることができる。 ・相手や目的に応じて，分かりやすくまとめ，表現することができる。	・課題解決に向け，自分の特徴やよさに気付き，探究活動に進んで取り組もうとする。 ・自他の意見や考えのよさを生かしながら課題解決に向け，協働して学び合おうとする。 ・地域との関わりの中で自己の生き方を考え，自分にできることを見付けようとする。

③ 【観点ごとのポイント】を踏まえ，「内容のまとまりごとの評価規準」を作成する。

（1）「内容のまとまりごとの評価規準」を作成する際の【観点ごとのポイント】

○「知識・技能」のポイント
・②の「知識及び技能」において記載事項の文末を，例えば「理解する」から「理解している」などとすることにより，「内容のまとまり」に対応する評価規準を作成することが可能である。

○「思考・判断・表現」のポイント
・②の「思考力，判断力，表現力等」において記載事項の文末を，例えば「できる」から「している」などとすることにより，「内容のまとまり」に対応する評価規準を作成することが可能である。

○「主体的に学習に取り組む態度」のポイント
・②の「学びに向かう力，人間性等」において記載事項の文末を，例えば「しようとする」から「しようとしている」などとすることにより，「内容のまとまり」に対応する評価規準を作成することが可能である。

（2）「内容のまとまり」と「内容のまとまりごとの評価規準」の作成例

内容のまとまり			
探究課題	探究課題の解決を通して育成を目指す具体的な資質・能力		
	知識及び技能	思考力，判断力，表現力等	学びに向かう力，人間性等
地域の自然環境とそこに起きている環境問題	・地域の自然環境は人間の生活の変化とともに変わるものであること，持続可能な環境の実現には多様な問題が存在していることや問題解決に向けて取り組む人々や組織があることを理解する。 ・調査活動を，目的や対象に応じた適切さで実施することができる。 ・持続可能な環境の実現に関する理解は，地域の自然環境とそこに関わる多様な人や組織との関係を探究的に学習してきたことの成果であることに気付く。	・地域の自然環境への関わりを通して感じた関心をもとに課題をつくり，見通しをもって計画を立てることができる。 ・課題の解決に必要な情報を，効果的な手段を選択して多様に収集し，種類に合わせて蓄積することができる。 ・課題解決に向けて，多様な情報の特徴に応じて整理し，考えることができる。 ・相手や目的に応じて，分かりやすくまとめ，表現することができる。	・課題解決に向け，自分の特徴やよさに気付き，探究活動に進んで取り組もうとする。 ・自他の意見や考えのよさを生かしながら課題解決に向け，協働して学び合おうとする。 ・地域との関わりの中で自己の生き方を考え，自分にできることを見付けようとする。

内容のまとまりごとの評価規準			
探究課題	評価の観点		
	知識・技能	思考・判断・表現	主体的に学習に取り組む態度
地域の自然環境とそこに起きている環境問題	・地域の自然環境は人間の生活の変化とともに変わるものであること，持続可能な環境の実現には多様な問題が存在していることや問題解決に向けて取り組む人々や組織があることを理解している。 ・調査活動を，目的や対象に応じた適切さで実施している。 ・持続可能な環境の実現に関する理解は，地域の自然環境とそこに関わる多様な人や組織との関係を探究的に学習してきたことの成果であることに気付いている。	・地域の自然環境への関わりを通して感じた関心をもとに課題をつくり，見通しをもって計画を立てている。 ・課題の解決に必要な情報を，効果的な手段を選択して多様に収集し，種類に合わせて蓄積している。 ・課題解決に向けて，多様な情報の特徴に応じて整理し，考えている。 ・相手や目的に応じて，分かりやすくまとめ，表現している。	・課題解決に向け，自分の特徴やよさに気付き，探究活動に進んで取り組もうとしている。 ・自他の意見や考えのよさを生かしながら課題解決に向け，協働して学び合おうとしている。 ・地域との関わりの中で自己の生き方を考え，自分にできることを見付けようとしている。

第3編

単元ごとの学習評価について
（事例）

第1章 「内容のまとまりごとの評価規準」の考え方を踏まえた評価規準の作成

1 本編事例における学習評価の進め方について

　単元における観点別学習状況の評価を実施するに当たり，まずは年間の指導と評価の計画を確認することが重要である。その上で，学習指導要領の目標や内容，「内容のまとまりごとの評価規準」の考え方等を踏まえ，以下のように進めることが考えられる。なお，複数の単元にわたって評価を行う場合など，以下の方法によらない事例もあることに留意する必要がある。

評価の進め方	留意点
1 **単元の目標を作成する**	○ 学校において定める総合的な学習の時間の内容をよりどころとして，中核となる学習活動をもとに，どのような学習を通して，どのような資質・能力を育成することを目指すのかを明確にして単元の目標を作成する。 ○ 単元の目標を踏まえ，具体的な学習活動を視野に入れ「単元の評価規準」を作成する。
2 **単元の評価規準を作成する**	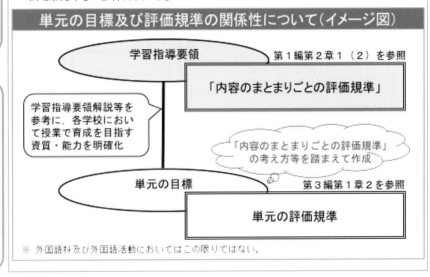
3 **「指導と評価の計画」を作成する**	○ 1，2を踏まえ，具体的な学習活動に沿って，評価場面や評価方法等を計画する。 ○ どのような評価資料をもとに評価するかを考え，その結果をもとに指導する具体的な手立てを明らかにする。
授業を行う	○ 3を踏まえて評価を行い，生徒の学習改善や教師の指導改善につなげる。
4 **総括する**	○ 活動や学習の過程，作品や成果物，発表や討論などに見られる学習の状況や成果などについて，生徒のよい点，学習に対する意欲や態度，進歩の状況などを踏まえて，評価結果を総括する。

単元の目標及び評価規準の関係性について（イメージ図）

学習指導要領　　　　　第1編第2章1（2）を参照

「内容のまとまりごとの評価規準」

学習指導要領解説等を参考に，各学校において授業で育成を目指す資質・能力を明確化

「内容のまとまりごとの評価規準」の考え方等を踏まえて作成

単元の目標　　　　　第3編第1章2を参照

単元の評価規準

※ 外国語科及び外国語活動においてはこの限りではない。

2 単元の評価規準の作成のポイント

（1）総合的な学習の時間における単元及び単元の目標

　学習指導要領には，各教科等のようにどの学年で何を指導するのかという内容を明示していない。各学校は，学習指導要領が定める目標等を踏まえ，総合的な学習の時間の目標及び内容を定めることとされている。

　総合的な学習の時間における内容は，目標を実現するにふさわしい探究課題と，探究課題の解決を通して育成を目指す具体的な資質・能力の二つによって構成される。両者の関係については，目標の実現に向けて，生徒が「何について学ぶか」を表したものが探究課題であり，各探究課題との関わりを通して，具体的に「どのようなことができるようになるか」を明らかにしたものが具体的な資質・能力という関係になる。（表１）。

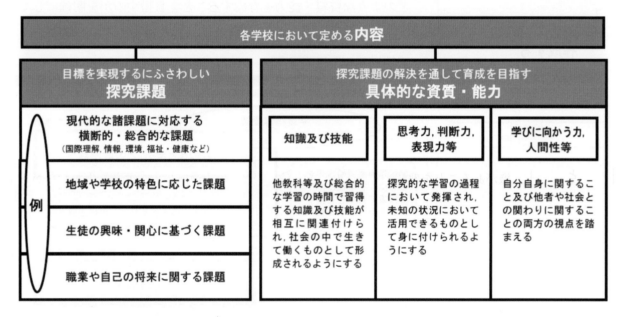

表１　総合的な学習の時間における内容

　総合的な学習の時間における「内容のまとまり」とは，全体計画に示した「目標を実現するにふさわしい探究課題」のうち，一つ一つの探究課題とその探究課題に応じて定めた具体的な資質・能力と考えることができる。

　この「内容のまとまり」を踏まえて，教師が意図やねらいをもって作成するのが単元の計画である。この単元は，課題の解決や探究的な学習活動が発展的に繰り返される一連の学習活動のまとまりとして構成される。

　単元の目標は，どのような学習活動を通して，生徒にどのような資質・能力を育成することを目指すのかを明確に示したものであり，「内容のまとまり」を基に，中核となる学習活動を踏まえ設定する。

（2）単元の目標及び単元の評価規準の作成

　単元の目標及び単元の評価規準は，以下の手順で作成する。

　※「内容のまとまり」から「内容のまとまりごとの評価規準」を作成する手順は，P35〜P36 参照。

〔単元の目標及び単元の評価規準を作成する手順〕

① 「内容のまとまり」をもとに，単元全体を見通して，単元の目標を作成する。

② 「内容のまとまりごとの評価規準」をもとに，具体的な学習活動から目指すべき学習状況としての生徒の姿を想定し，単元の評価規準を作成する。

（例）　第2学年　環境に関する「内容のまとまり」をもとに作成した例

① 「内容のまとまり」をもとに，単元全体を見通して，単元の目標を作成する。

内容のまとまり			
目標を実現するにふさわしい探究課題	探究課題の解決を通して育成を目指す具体的な資質・能力		
	知識及び技能	思考力，判断力，表現力等	学びに向かう力，人間性等
地域の自然環境とそこに起きている環境問題	・地域の自然環境は人間の生活の変化とともに変わるものであること，持続可能な環境の実現には多様な問題が存在していることや問題解決に向けて取り組む人々や組織があることを理解する。 ・調査活動を，目的や対象に応じた適切さで実施することができる。 ・持続可能な環境の実現に関する理解は，地域の自然環境とそこに関わる多様な人や組織との関係を探究的に学習してきたことの成果であることに気付く。	・地域の自然環境への関わりを通して感じた関心をもとに課題をつくり，見通しをもって計画を立てることができる。 ・課題の解決に必要な情報を，効果的な手段を選択して多様に収集し，種類に合わせて蓄積することができる。 ・課題解決に向けて，多様な情報の特徴に応じて整理し，考えることができる。 ・相手や目的に応じて，分かりやすくまとめ，表現することができる。	・課題解決に向け，自分の特徴やよさに気付き，探究活動に進んで取り組もうとする。 ・自他の意見や考えのよさを生かしながら課題解決に向け，協働して学び合おうとする。 ・地域との関わりの中で自己の生き方を考え，自分にできることを見付けようとする。

〔単元の目標〕

　〇〇市における自然環境に関する調査活動を通して_ア，自然環境は人々の生活や地域の特徴と深く関わっていることを理解し_イ，持続可能な視点から多面的に自然環境の在り方について考える_ウとともに，自らの生活や行動に生かすことができる_エようにする。

※　この例では，「内容のまとまり」をもとに単元全体を見通して，総括的に目標を示すとともに，以下の四つの要素を構造的に配列し，単元の目標を作成している。

　ア　探究課題を踏まえた単元において中心となる学習対象や学習活動

　イ　育成を目指す具体的な資質・能力のうち，単元において重視する「知識及び技能」

　ウ　育成を目指す具体的な資質・能力のうち，単元において重視する「思考力，判断力，表現力等」

　エ　育成を目指す具体的な資質・能力のうち，単元において重視する「学びに向かう力，人間性等」

※　イ〜エは，アとの関わりにおいて作成する。

② 「内容のまとまりごとの評価規準」をもとに，具体的な学習活動から目指すべき学習状況としての生徒の姿を想定し，単元の評価規準を作成する。

探究課題	内容のまとまりごとの評価規準		
	評価の観点		
	知識・技能	思考・判断・表現	主体的に学習に取り組む態度
地域の自然環境とそこに起きている環境問題	・地域の自然環境は人間の生活の変化とともに変わるものであること，持続可能な環境の実現には多様な問題が存在していることや問題解決に向けて取り組む人々や組織があることを理解している。 ・調査活動を，目的や対象に応じた適切さで実施している。 ・持続可能な環境の実現に関する理解は，地域の自然環境とそこに関わる多様な人や組織との関係を探究的に学習してきたことの成果であることに気付いている。	・地域の自然環境への関わりを通して感じた関心をもとに課題をつくり，見通しをもって計画を立てている。 ・課題の解決に必要な情報を，効果的な手段を選択して多様に収集し，種類に合わせて蓄積している。 ・課題解決に向けて，多様な情報の特徴に応じて整理し，考えている。 ・相手や目的に応じて，分かりやすくまとめ，表現している。	・課題解決に向け，自分の特徴やよさに気付き，探究活動に進んで取り組もうとしている。 ・自他の意見や考えのよさを生かしながら課題解決に向け，協働して学び合おうとしている。 ・地域との関わりの中で自己の生き方を考え，自分にできることを見付けようとしている。

単元名	単元の評価規準		
	評価の観点		
	知識・技能	思考・判断・表現	主体的に学習に取り組む態度
○○市の自然環境を未来の世代につなごう	①持続可能な自然環境の実現には，そこに存在する多様な問題の解決に向けて人や組織と目的を共有して取り組むことが必要であることを理解している。 ②まちの環境がどのように変遷してきたかを捉えるための調査を，対象に応じた適切な方法で実施している。 ③○○市の自然環境に関する問題状況と自分たちの生活との関わりについての理解は，探究的に学習してきたことの成果であることに気付いている。	①まちの変遷と調査活動とを結び付けることを通して，○○市の環境における問題を明らかにし，解決への見通しをもって計画している。 ②まちの環境に関する現状を捉えるために必要な情報について，多様な方法の中から効果的な手段を選択している。 ③収集した情報を比較・分類することで，「効果がすぐ表れる取組」，「多くの人を巻き込むことができる取組」につながるものとして整理しながら解決に向けて考えている。 ④持続可能な自然環境の実現に向け，調査結果をグラフや地図，写真を使って効果的に表し，「環境フォーラム」で訴えている。	①調査活動の振り返りを通して自ら設定した課題の価値に気付き，自分の意思で探究的な活動に取り組もうとしている。 ②自然環境への市民の関心を高めるための実効性のある取組の実施に向け，自他の考えを生かしながら，協働して取り組もうとしている。 ③持続可能な自然環境を次世代につなぐために，自分の生活を見直し，地域と協働しながら自分にできることに取り組もうとしている。

育成を目指す資質・能力を踏まえた「単元の評価規準」の作成のポイント

　「単元の評価規準」を作成するに当たっては，「内容のまとまりごとの評価規準」を参考にすることが考えられる。作成する際には，単元で行う学習活動やどのような資質・能力を重視するかによって具体的に記述することが求められる。その際，観点毎に次のポイントを参考にして作成することが考えられる。なお，「単元の評価規準」の指導計画への位置付けについては，総括的な評価を行うためにも，生徒の姿となって表れやすい場面，全ての生徒を見取りやすい場面を選定することが大切である。

　なお，ここにおいて示した「単元の評価規準」の作成のポイントについては，「中学校学習指導要領解説　総合的な学習の時間編（平成 29 年 7 月）」13〜17 頁，74〜79 頁も参考にしてほしい。

（1）知識・技能

　「知識・技能」の観点については，「①概念的な知識の獲得」，「②自在に活用することが可能な技能の獲得」，「③探究的な学習のよさの理解」の三つに関する評価規準を作成することが考えられる。

①　知識については，事実に関する知識を関連付けて構造化し，統合された概念として形成されることが期待されている。したがって，概念的な知識を獲得している生徒の姿を評価規準として設定することが考えられる。例えば，「持続可能な自然環境の実現には，そこに存在する多様な問題の解決に向けて人や組織と目的を共有して取り組むことが必要であることを理解している」のように，相互性に関する概念的な知識の獲得として評価規準を設定することが考えられる。

②　技能については，手順に関する知識を関連付けて構造化し，特定の場面や状況だけではなく日常の様々な場面や状況で活用可能な技能として身に付けることが期待されている。したがって，身に付いた技能が，いつでも，滑らかに，安定して，素早く行われているなどの生徒の姿を評価規準として設定することが考えられる。例えば，「まちの環境がどのように変遷してきたかを捉えるための調査を，対象に応じた適切な方法で実施している」，「ウェブサイトから，検索ソフトを使って，短い時間にたくさんの情報を収集している」，「アンケートによる街頭調査を，相手や場面に応じた適切さで実施している」などとして評価規準を設定することが考えられる。

③　総合的な学習の時間においては，①②とともに，**探究的な学習のよさの理解**として，資質・能力の変容を自覚すること，学習対象に対する認識が高まること，学習が生活とつながることなどを，探究的に学習してきたことと結び付けて理解することが期待されている。したがって，探究的な学習のよさを理解しているなどの生徒の姿を評価規準として設定することが考えられる。例えば，「○○市の自然環境に関する問題状況と自分たちの生活との関わりについての理解は，探究的に学習してきたことの成果であることに気付いている」のように，学習と生活とのつながりの理解として評価規準を設定することが考えられる。

（2）思考・判断・表現

　「思考・判断・表現」の観点については，「①課題の設定」，「②情報の収集」，「③整理・分析」，「④まとめ・表現」の過程で育成される資質・能力を生徒の姿として示して，評価規準を作成することが考えられる。

①「**課題の設定**」については，実社会や実生活に広がっている複雑な問題に向き合って，自らの力で

解決の方向を明らかにし，見通しをもって計画的に取り組むことができるようになることが期待されている。

　評価規準の設定に当たっては，例えば，

　・複雑な問題状況の中から課題を発見し設定する

　・解決の方法や手順を考え，確かな見通しをもって計画を立てる

などの視点で設定することが考えられる。

② 「**情報の収集**」については，情報収集の手段を意図的・計画的に用いたり，解決の過程や結果を見通したりして，多様で効率的な情報収集が行われるようになることが期待されている。

　評価規準の設定に当たっては，例えば，

　・情報を効率的に収集する手段を選択する

　・必要な情報を多様な方法で収集し，種類に合わせて蓄積する

などの視点で設定することが考えられる。

③ 「**整理・分析**」については，収集した情報を取捨選択すること，情報の傾向を見付けること，複数の情報を組み合わせて新しい関係を見いだすことなどが期待されている。

　評価規準の設定に当たっては，例えば，

　・異なる情報の共通点や差異点を見付け，関係や傾向を明らかにする

　・事象を比較したり関連付けたりして，確かな理由や根拠をもつ

などの視点で設定することが考えられる。

④ 「**まとめ・表現**」については，整理・分析した結果や自分の考えをまとめたり他者に伝えたりすること，振り返ることで対象や自分自身に対する理解が深まることなどが期待されている。

　評価規準の設定に当たっては，例えば，

　・相手や目的に応じて効果的な表現をする

　・学習を振り返り，自己の成長を自覚し，学習や生活に生かす

などの視点で設定することが考えられる。

（3）主体的に学習に取り組む態度

　今回の改訂において「**主体的に学習に取り組む態度**」の観点については，「粘り強さ」や「学習の調整」を重視することとしている。これらは，自他を尊重する「①自己理解・他者理解」，自ら取り組んだり力を合わせたりする「②主体性・協働性」，未来に向かって継続的に社会に関わろうとする「③将来展望・社会参画」などについて育成される資質・能力を生徒の姿として示して，評価規準を作成することが考えられる。

① 「**自己理解・他者理解**」については，例えば，

　・自分の生活を見直し，自分の特徴やよさを理解しようとする

　・異なる意見や他者の考えを受け入れて尊重しようとする

などの視点で設定することができる。

② 「**主体性・協働性**」については，例えば，

　・自分の意思で目標に向かって課題の解決に取り組む

　・自他のよさを生かしながら協力して問題の解決に取り組む

などの視点で設定することができる。

　③「**将来展望・社会参画**」については，例えば，

　　　・自己の生き方を考え，夢や希望をもち続ける

　　　・実社会や実生活の問題の解決に，自分のこととして取り組む

　　などの視点で設定することができる。

（4）その他

　「単元の評価規準」を作成するに当たっては，実際の学習活動や学習場面をイメージし，資質・能力を発揮する生徒の姿を想定することが大切である。その際，実際に行う学習活動や扱う学習対象と，発揮される資質・能力とを具体的に描くことが必要になる。

　例えば，「まちの変遷と調査活動とを結び付けることを通して，○○市の環境における問題を明らかにし，解決への見通しをもって計画している。」，「持続可能な自然環境の実現に向け，調査結果をグラフや地図，写真を使って効果的に表し，『環境フォーラム』で訴えている。」などと設定することができる。ここでは，発揮される資質・能力を具体の活動や場面に即して具体的に描くことで，生徒の姿がどのような学習状況にあるのかを適切に判断し，確かに評価することを可能にしていく。

第2章　学習評価に関する事例について

1　事例の特徴

　第1編第1章2（4）で述べた学習評価の改善の基本的な方向性を踏まえつつ，平成29年改訂学習指導要領の趣旨・内容の徹底に資する評価の事例を示すことができるよう，本参考資料における事例は，原則として以下のような方針を踏まえたものとしている。

○　**単元に応じた評価規準の設定から評価の総括までとともに，生徒の学習改善及び教師の指導改善までの一連の流れを示している**

　　本参考資料で提示する事例は，いずれも，単元の評価規準の設定から評価の総括までとともに，評価結果を生徒の学習改善や教師の指導改善に生かすまでの一連の学習評価の流れを念頭においたものである（事例の一つは，この一連の流れを特に詳細に示している）。なお，観点別の学習状況の評価については，「おおむね満足できる」状況，「十分満足できる」状況，「努力を要する」状況と判断した生徒の具体的な状況の例などを示している。「十分満足できる」状況という評価になるのは，生徒が実現している学習の状況が質的な高まりや深まりをもっていると判断されるときである。

○　**観点別の学習状況について評価する時期や場面の精選について示している**

　　報告や改善等通知では，学習評価については，日々の授業の中で生徒の学習状況を適宜把握して指導の改善に生かすことに重点を置くことが重要であり，観点別の学習状況についての評価は，毎回の授業ではなく原則として単元や題材など内容や時間のまとまりごとに，それぞれの実現状況を把握できる段階で行うなど，その場面を精選することが重要であることが示された。このため，観点別の学習状況について評価する時期や場面の精選について，「指導と評価の計画」の中で，具体的に示している。

○　**評価方法の工夫を示している**

　　生徒の反応やノート，ワークシート，作品等の評価材料をどのように活用したかなど，評価方法の多様な工夫について示している。

2　各事例概要一覧と事例

事例1　キーワード　指導と評価の計画，三つの観点の評価，評価結果の総括，指導計画の改善
「未来の人も豊かな暮らしをするために～エネルギー問題について考え，自然環境との共生を目指
す～」（第2学年「資源エネルギー」）

　探究課題を「エネルギー問題と，限りある資源を未来の世代に残すための取組」とした第2学年の
実践を例に，指導と評価の計画の立案から評価の総括までを紹介する。

　本事例は，中心的な学習活動を，電力に関わるエネルギー問題と自分たちの生活の在り方とし，三
つの小単元で構成しつつ小単元ごとの学習活動や学習場面において，資質・能力を発揮する生徒の姿
を想定し，指導と評価の計画を構想した。また，指導と評価の計画に加えて，三つの評価の観点にお
ける学習活動と評価の実際，評価結果の総括，指導計画の評価・改善まで，一連の評価活動を取り上
げることで，総合的な学習の時間における指導と評価の概要が把握できるようにした。

事例2　キーワード　指導と評価の計画，「知識・技能」「思考・判断・表現」の評価，
　　　　　　　　　　生徒の学習の姿と見取り
「人はなぜ働くのだろう？～仕事を通して自己の生き方を考える～」（第2学年「勤労」）

　探究課題を「働くことの意味や働く人の夢や願い」と設定し，職場体験活動を通して，社会と関わ
り，自分自身の特徴を内省的に捉えたり，周囲との関係で理解したりして，学ぶ意味や自己の将来に
ついて考える第2学年の実践である。

　本事例は，中心的な学習活動を，地域にある職業を調べたり，実際に体験したりする活動とし，二
つの小単元で構成した。評価の観点のうち「知識・技能」「思考・判断・表現」の評価を取り上げ，
評価規準に照らした生徒の学習の姿とその見取り方を紹介している。

事例3　キーワード　指導と評価の計画，「思考・判断・表現」「主体的に学習に取り組む態度」の評価，
　　　　　　　　　　生徒の学習の姿と見取り
「善光寺ＷＡＬＫ～外国人観光客を英語で案内しよう～」（第1学年「伝統文化」）

　探究課題を「地域の観光資源の魅力や価値とそこを訪れる外国人観光客」と設定し，外国人観光客
が知りたい日本文化について考え，地域のよさを大切にしながら生活していくことができるように
することに取り組んだ第1学年の実践である。

　本事例は，中心的な学習活動を，外国人観光客を英語で案内する活動，積極的な情報発信する活動
とし，三つの小単元で構成した。評価の観点のうち「思考・判断・表現」「主体的に学習に取り組む
態度」の評価を取り上げ，評価規準に照らした生徒の学習の姿とその見取り方を紹介している。

第3編

総合的な学習の時間　　事例1

キーワード　指導と評価の計画，三つの観点の評価，評価結果の総括，指導計画の改善

単元名	内容のまとまり
未来の人も豊かな暮らしをするために 〜エネルギー問題について考え，自然環境との共生を目指す〜 （第2学年）	「資源エネルギー」（全50時間）

　本単元は，豊かな自然に囲まれた地域で行われた実践である。身近な自然としての里山が宅地として開発される中，生徒は前年度に，目の前に広がる自然環境の調査と保全に積極的に取り組む学習活動を経験している。その単元末の感想には，「自然を傷つける行為は許されない」と記述していたほど，自然を守ろうとする意識の高まりがみられた。一方で，現在の自分たちの暮らしが，自然環境を開発したうえで成り立っていることには十分に気付いておらず，表面的な理解に留まっていた。

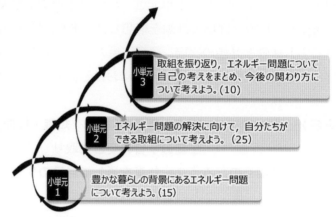

小単元3　取組を振り返り，エネルギー問題について自己の考えをまとめ，今後の関わり方について考えよう。(10)

小単元2　エネルギー問題の解決に向けて，自分たちができる取組について考えよう。(25)

小単元1　豊かな暮らしの背景にあるエネルギー問題について考えよう。(15)

　こうした背景から，本単元は，開発の恩恵を受けて現在の豊かな暮らしが成り立っていることにも目を向け，自然との共生の在り方について考えることができる生徒を育んでいくことを目指し，「エネルギー問題と，限りある資源を未来の世代に残すための取組」という探究課題を踏まえて構想した単元である。

　生徒は，現在の豊かな暮らしに欠かせないものの多くが電気を必要としていることや，限りある資源を使って発電することには限界があることを理解していく。そして，「どうしたら，未来の世代にも豊かな暮らしを残すことができるだろうか」という問いに向き合う。本単元は，よりよい発電方法を模索したり，電力消費量を減らすための活動に取り組んだりすることを通して，自然と共生しながらエネルギー問題の解決に向けて取り組んだものである。

1　単元の目標

　様々な発電方法を調査したり電力消費量を減らすための活動に取り組んだりすることを通して，自分たちの暮らしは環境に負荷を与えたり，限りある資源の消費の上で成り立っていることを理解するとともに，電力消費量を抑えるための実現可能な方法を探し求め，未来の豊かな暮らしを守るために行動できるようにする。

2　単元の評価規準

観点	知識・技能	思考・判断・表現	主体的に学習に取り組む態度
評価規準	①エネルギーの問題について，資源には限りがあることや発電方法のバランスが重要であること，生活や暮らしとのつながりが大切であることなどを理解している。 ②地域への節電の呼びかけを相手や場面に応じた適切さで実施している。 ③エネルギー問題と自分の生活との関係について探究し続けてきたことによって，自らの行為が未来社会に深く関わっていることに気付いている。	①電気エネルギーを生み出すための発電について，何をどのように調べるか見通しをもって活動計画書を作成している。 ②多様な発電方法について，その仕組みや特徴に関する情報を，幅広く効率的に収集している。 ③自分でできる節電方法について，それぞれのメリット・デメリットを明らかにしたうえで，取り組むことの優先順位を決めている。 ④エネルギー問題の解決方法について，結論に対する根拠を明らかにして，自分の考えを主張している。	①エネルギーに関する問題について，調べたことの中から伝えたいことを明確にして，新聞を作成しようとしている。 ②太陽光発電が増えることの是非について，異なる意見のよさや他者の考えの価値を受け入れ参考にしようとしている。 ③アンケートの結果から，これからの社会を視野に入れ，節電の取組を地域に継続的に働きかけようとしている。

3　指導と評価の計画（50時間）

小単元名（時数）	ねらい・学習活動	知	思	態	評価方法
1　豊かな暮らしの背景にあるエネルギー問題について考えよう。（15）	・エネルギーに関する問題を出し合い，解決に向けた今後の活動への見通しをもつ。		①		・発言 ・計画書
	・電気に焦点を絞り，様々な発電方法の仕組みや特徴について調べる。		②		・ワークシート
	・社会見学を通して，化石エネルギーや再生可能エネルギーを利用した発電の意義について考え，学んだことを新聞にまとめる。			①	・新聞
2　エネルギー問題の解決に向けて，自分たちができる取組について考えよう。（25）	・太陽光発電施設の見学や，太陽光発電の設置業者にインタビューを行い，太陽光発電のメリット・デメリットを議論する。 **具体的事例❸「主体的に学習に取り組む態度②」** ・太陽光発電や再生可能エネルギーについて，身近な地域や実際の現場での調査を行い，情報を収集する。			②	・振り返りカード
	・エネルギーの自給自足に取り組む人の話を聞き，自分たちができる効果的な節電方法について考える。（私の節電ベスト3） **具体的事例❷「思考・判断・表現③」**		③		・「私の節電ベスト3」シート
	・節電に対する意識を地域に広げ，多くの人に節電に取り組んでもらうために，地域が一斉に消灯する活動を企画し実行する。	②			・節電企画シート

小単元	学習活動	知識・技能	思考・判断・表現	主体的に学習に取り組む態度	評価方法
	・活動に対する地域アンケートを行い，集計結果をもとに，活動の有効性を見つめ直す。			③	・活動報告書
3　取組を振り返り，エネルギー問題について自己の考えをまとめ，今後の関わり方について考えよう。(10)	・海外の電力事情（フランス・ドイツなど）を比べ，発電方法や電力生産の方向性について，自分の考えを主張文（結論と理由）としてまとめる。		④		・主張文
	・作成した主張文を使って，「これからの社会における発電や電力生産」についてのパネルディスカッションを行う。 **具体的事例❶「知識・技能①」**	①			・発言 ・主張文への追記
	・単元を通して学んだ記録（振り返りカード，私の節電ベスト3，主張文など）を振り返り，自己の成長や学習したことを基にして，「10年後の私」宛に手紙を書く。	③			・手紙

　本単元は，中心的な学習活動を，電力に関わるエネルギー問題と自分たちの生活の在り方とした上で，以下に示す三つの小単元で構成するとともに，小単元ごとの学習活動において資質・能力を発揮する生徒の姿を想定し，次のような意図をもって評価場面及び評価規準を設定した。

　小単元1は，単元の導入において課題を設定するとともに，発電に関する基本的な情報を収集する場面であることから，「思考・判断・表現①」，「思考・判断・表現②」の評価規準を設定した。また，社会見学を通して自分が伝えたいことを明確にすることが期待できることから，「主体的に学習に取り組む態度①」の評価規準を設定した。

　小単元2は，エネルギーの自給自足に取り組む人の話をもとに自分たちができる効果的な節電方法について考える場面であることから，「思考・判断・表現③」の評価規準を設定した。また，より多くの人に節電に取り組んでもらう働きかけを行うことから「知識・技能②」の評価規準を設定した。さらに，太陽光発電が増えることの是非について多様な意見に触れたり，地域アンケートの集計結果をもとに活動の有効性を見つめ直したりする場面であることから，「主体的に学習に取り組む態度②」，「主体的に学習に取り組む態度③」の評価規準を設定した。

　小単元3は，生徒一人一人が発電方法や電力生産の方向性について自分の考えを主張文にまとめ表現するとともに，再生可能エネルギーの導入と環境保護の問題には関わりがあることについて概念の形成が期待できる場面であることから，「思考・判断・表現④」，「知識・技能①」の評価規準を設定した。また，活動を振り返ることを通して探究的に学んできたことのよさを理解する生徒の姿を見取る適切な評価機会であると考え，「知識・技能③」の評価規準を設定した。

4　観点別学習状況の評価の進め方
（1）知識・技能（具体的事例❶）
①評価の場面

　　　ドイツやフランスなどの海外の電力事情を学び，それぞれの国の電力確保の考え方を知る中で，私たちの電力生産の方法を考え，自らの主張文を作成してきた。そこでは，発電方法や節電方法を視野に入れて，自らの考えを主張文にまとめてきた。

　　　そうした状況の中，各自の主張文を基にして，「これからの社会における発電や電力生産」をテーマとするパネルディスカッションを行った。石炭，石油など状況に対応しやすい火力発

電，太陽光や風力，地熱，バイオマスなどのクリーンとされるエネルギーの発電，安全性の不安が残るものの二酸化炭素の排出が少ない原子力発電などを取り上げて，それぞれのよさや問題点を出しながら意見交換を行う。

　考え方の違いを明確にしてディスカッションする中で，それぞれのよさや問題点が浮き彫りになり，経済性，持続性，安全性などの視点で話し合うことができた。また，実際の生活との関わりを意識することが欠かせないことも明確になった。最後にパネルディスカッションを受けて，主張文に文章を追記したものを「知識・技能①」の評価資料とした。

②学習活動における生徒の姿と評価の結果
【評価規準「知識・技能①」】
　エネルギーの問題について，資源には限りがあることや発電方法のバランスが重要であること，生活や暮らしとのつながりが大切であることなどを理解している。

【生徒Aの振り返り】〜「主張文」の追記の一部〜

　私の主張は，石炭，石油などによる火力発電を減らすことです。その代わりにクリーンエネルギーを使いたいと思います。

　なぜなら，石炭，石油は埋蔵量に限りがあり，いつまでも永遠に使えるわけではありません。○○君の発言のように，シェールガスなどの地下資源のような新しい発見もありますが，それもいつか使い切ってしまうと思います。

　自分自身だけではなくて，私の子供や，私の孫の世代になっても続けられるような発電方法を，主に活用することが大切だと考えるようになりました。

【評価の結果】

　生徒Aは，これまでに発電方法や節電の方法を学び，その知識を獲得してきた。パネルディスカッションを通して，互いの主張を出し合う中で，発電の主力として行われている火力発電のよさを確認するだけではなく，石炭，石油などの資源が有限であることを自覚する。また，そのことは，持続可能性に大きく関係することを理解し始めている。また，石炭，石油だけでなくシェールガスなどにおいても同様の視点が欠かせないことにも気付いている。こうした姿から評価規準に示す資質・能力が育成されていると考えることができる。

【生徒Bの振り返り】〜「主張文」の追記の一部〜

　私の主張は，火力発電と太陽光発電と原子力発電をどれも行うことです。それぞれに気になることも多くありますが，よいところを生かせばよいと思います。

　特に太陽光発電は，とてもよい方法だと思います。しかし，その一方でパネルの設置が森林を破壊したり，十分な発電効率が得られなかったりするなどの問題もあります。原子力発電は，安全が心配ですが，二酸化炭素を発生しないというよさもあります。

　どれか一つに絞るのではなく，どれもちょっとずつやっていくのはどうかと思います。海が近いところ，風が強いところ，山のあるところ，それぞれのよさを生かして発電するのがよいと思います。

【評価の結果】

　　生徒Bは，これまでに発電方法や節電の方法を学び，その知識を獲得してきた。パネルディスカッションを通して，互いの主張を出し合う中で，エコでクリーンなイメージの太陽光発電にも負の側面があることを明確に理解する。一面的な理解ではなく，発電に関わる多様な視点から自然への負荷を考えている。

　　実際の電力確保のためには，それぞれの違いを生かしたベストミックスが欠かせないことに気付き始めている。こうした姿から評価規準に示す資質・能力が育成されていると考えることができる。

（２）思考・判断・表現（具体的事例❷）

　①評価の場面

　　太陽光パネル発電をエネルギー問題の有効な解決策と考えていた生徒は，再生可能エネルギーにもデメリットがあること知り，自然に負荷をかけない発電方法を選択することの難しさに気付き，自分たちで答えが出せないことへの閉塞感を感じていた。

　　教師は，今後の活動への展望が開けない生徒がいることを確認したうえで，電気に頼らない生活を送ることを心掛けている外部講師としてK氏を招聘した。生徒が「自分たちに出来ることは何かありますか」と問うと，K氏が「発電方法ばかりでなく，使う量を減らすのも一つ。大切なことは，やれることをやれる範囲で取り組むことだと思う。」と助言してくれた。

　　K氏の話を聞いた生徒は，これまで自分たちが取り組んできたエネルギーと未来の暮らしの関係をよくしようとする目標は変えず，新たに「自分たちができることをする」という視点を加えた。自分たちには何かできることがあるのではないかと考え，発電方法の検討から，節電方法の選択へと目を向けるようになった。この場面において，節電方法を話し合い，それぞれのメリットやデメリットを整理し自分たちができることに対する意見を「私の節電ベスト３」として表現したものを「思考・判断・表現③」の主たる評価資料とした。

　②学習活動における生徒の姿と評価の結果

　【評価規準「思考・判断・表現③」】

　　自分でできる節電方法について，それぞれのメリット・デメリットを明らかにしたうえで，取り組むことの優先順位を決めている。

【生徒Aの振り返り】～「私の節電ベスト３」シートより～

　節電といっても，生活する上でどうしても外せないものとそうでないものとに分けられると思う。今日の話合いでは，生活スタイルや家族構成によっても節電の考え方が違うことが分かった。

　　例えば，私の家には，赤ちゃんがいるので，夏や冬のエアコンは絶対に外せない。今のところ，私の節電ベスト１は，「家族で同じ部屋で過ごして他の部屋の照明を使わない」だと思っている。これなら，家族の団らんも生まれるし，何より簡単だ。でも，家族一人一人が納得して取り組まないと結局はうまくいかない。だから，家族で話し合ってこれならできそうだ，長く続けられそうだというものを決めたいと思う。

【評価の結果】

　　生徒Aは，具体的な節電方法のよさを，家族構成や生活状況を根拠として決定している。現在の家族構成に着目し，赤ちゃんの存在を重視した節電の方法を選んでいる。このことにより，家族の団らんにつながることや，そのためには，家族で共通理解を図ることが重要であることにも言及している。こうした姿から評価規準に示す資質・能力が育成されていると考えることができる。

【生徒Ｂの振り返り】～「私の節電ベスト３」シートより～

　　私の節電ベスト３は，「①コンセントを抜く，②部屋の照明をこまめに切る，③エアコンの温度設定を夏は28℃，冬は22℃に設定する」である。その中でも，「コンセントを抜く」に取り組んでみたい。長所は，コンセントを抜くだけなので簡単である。家で使う電気機器のコンセントを抜くだけで一カ月約100円の節約になる。短所は，使うときにすぐに使えない。ビデオ録画の予約ができないなどがある。今日の話合いでも，電気ポットやドライヤーのコンセントは外しても，テレビや電子レンジなどのコンセントはつけたままの家が多いことが分かったので，待機電力を意識してみんなで節電に取り組めば，大きな効果を生むと思った。次回，みんなで取り組めるかどうか提案したい。

【評価の結果】

　　生徒Bは，具体的な節電方法のベスト３を明らかにし，その中でも最も有効な方法について，長所と短所の理由から判断しようとしている。その中でも，他の生徒が意識していないが手軽にできる方法を選択している。また，話合いから待機電力への意識が低いことに気付き，全体で取り組むことに対する意欲も高めていることがわかる。こうした姿から評価規準に示す資質・能力が育成されていると考えることができる。

（３）主体的に学習に取り組む態度（具体的事例❸）
①評価の場面

　　生徒は，電力の多くが火力発電によって生み出されていることや，火力発電は発電量の調整がしやすいこと，発電効率が高いことなどのメリットがあることを学んできた。一方で，電力を生み出すために埋蔵量に限りがある化石燃料が大量に消費されることも知った。そこで，太陽光発電に着目し，未来まで続く電力の確保という点で大きな可能性があると考えるようになった。

　　しかし，発電効率の低さから，山を切り開いて大量のパネルが設置されている事実を知ることで，自然環境を保護することの大切さを学んできた生徒たちの中に葛藤が生まれた。ここで，太陽光発電が増えていくことについて，賛成，反対いずれかの立場に立って話し合った。その

第３編
事例1

- 53 -

後，自己の変容を見つめ記述した振り返りカードを「主体的に学習に取り組む態度②」の主たる評価資料とした。

②学習活動における生徒の姿と評価の結果
【評価規準「主体的に学習に取り組む態度②」】
　　太陽光発電が増えることの是非について，異なる意見のよさや他者の考えの価値を受け入れ参考にしようとしている。

【生徒Cの振り返り】〜振り返りカードの記述内容〜

　これからのことを考えると火力発電から太陽光発電に切り替えることが絶対によいと思っていた。火力を生み出す化石燃料は限られているし，太陽光発電なら二酸化炭素の排出も気にしなくてよいからだ。でも，山を切り開いてソーラーパネルを置くことで，そこに棲む動物たちの暮らしにも影響があるという反対意見を聞いた時，最近になって，イノシシがまちに何度も現れる理由とつながった。僕は，これまで太陽光発電のよい面しか見ていなかった。だから，次回までに，問題点も調べた上で，自分の考えをはっきりさせたい。

【評価の結果】

　　生徒Cは，当初，太陽光発電に対して肯定的な考えをもっていたが，山を切り開くソーラーパネルの設置による弊害と地域の問題状況を関連付けて自らの考えを見つめ直している。また，太陽光発電に対して肯定的な側面だけでなく，否定的な側面についても調べる必要性があることにも言及しており，自分の今後の調査に生かそうとしていることがわかる。こうした姿から評価規準に示す資質・能力が育成されていると考えることができる。

【生徒Dの振り返り】〜振り返りカードの記述内容〜

　太陽光発電は，環境によいから進めるべきだと思っていた。でも，山を切り開くことで，生き物にとっての生活環境が変わってしまうことも分かった。その意見に対して，○○さんが，火力発電の燃料となる資源の 90%以上を外国に頼っていると言っていた。だから，ソーラーパネルの設置は必要だというのもなるほどと思う。ソーラーパネルのほかにも国内における資源を活用している発電方法を見付けたいと思う。

【評価の結果】

　　生徒Dは，太陽光発電に対する友達の肯定的な考えや否定的な考えの意味を理解し，受け入れていることがわかる。発電のための資源がどのくらい海外に依存しているかを知ることで，国内における資源を活用した他の発電方法を探し出そうとしている。こうした姿から評価規準に示す資質・能力が育成されていると考えることができる。

5　評価結果の総括と指導計画の改善
（1）評価結果の総括と指導要録の記載

　「小学校，中学校，高等学校及び特別支援学校等における児童生徒の学習評価及び指導要録の改善等について（通知）」に，「総合的な学習の時間の記録については，この時間に行った学習活

動及び各学校が自ら定めた評価の観点を記入した上で，それらの観点のうち，生徒の学習状況に顕著な事項がある場合などにその特徴を記入する等，生徒にどのような力が身に付いたかを文章で端的に記述すること」とされている。記述に当たっては，単なる活動のみにとどまることがないよう留意する必要がある。

例えば，生徒Aについては，次のような記述が考えられる。

学年	学習活動	観　点	評　価
2	未来の人も豊かな暮らしをするために	知識・技能 思考・判断・表現 主体的に学習に取り組む態度	身近なエネルギー問題を探究する中で，多くの発電方法や節電の方法があることを理解し，資源が有限であることについてもグローバルな視点で考えた。限りない資源の活用と自然環境の保全の視点から，自分でできることを考え行動しようとしている。

また，生徒Bについては，次のような記述が考えられる。

学年	学習活動	観　点	評　価
2	未来の人も豊かな暮らしをするために	知識・技能 思考・判断・表現 主体的に学習に取り組む態度	地域への一斉消灯を呼びかける活動では，省エネの意識を拡大したいという目的を明らかにするとともに，地域の方々に伝えるにはどうすればよいかという視点で発信方法を検討し，実行に移した。相手や目的に応じて表現し伝えることの価値に気付き，地域社会に働きかけることの意識を高めている。

各学校において定められた評価の観点は，生徒の成長や学習状況を分析的に評価するためのものである。また，各学校においては，設定した評価規準と実際の学習状況とを照らし合わせて評価していくことが考えられる。その際，生徒の学習活動を記録したり，生徒の作品などを保存したりして，評価資料を集積しておくことが重要である。

評価結果の総括に当たっては，評価場面や単元における評価結果を総合し，「総合的な学習の時間の記録」に記述することが考えられる。その際，評価規準にかかわらず教育的に望ましい成長や価値ある学習状況が現れた場合，生徒の姿を価値付け，そのよさを記述することも大切なことである。

（2）総合的な学習の時間の指導計画の評価・改善

総合的な学習の時間の指導計画については，実際に学習活動を展開する中で，教師が予想しなかった望ましい活動が生徒から提案されたり，価値ある学習を生み出す問題場面に遭遇したりする可能性もある。その場合，教師は，生徒との関わりの中で起きた事実から，授業の中で本時の授業計画を修正したり，授業後に本時の実践を振り返り，次時の授業計画を修正したりするなど，柔軟性をもつことが大切である。

また，単元計画及び年間指導計画作成の際に期待した生徒の姿と，学習活動に取り組む生徒の実際の姿とのズレが授業の中で見られた場合，教師は，自らの授業を振り返り，単元計画や年間指導計画の修正を行う。さらに，必要に応じて，全体計画についても見直しを図り，目標や内容の修正をすることも考えられる。

このように，各学校においては，総合的な学習の時間の指導計画の評価・改善は，①一単位時間の授業計画，②単元計画，③年間指導計画，④全体計画の全てを見渡して行うことが求められる。

総合的な学習の時間　　事例2

キーワード　指導と評価の計画，「知識・技能」「思考・判断・表現」の評価，

　　　　　　生徒の学習の姿と見取り

単元名	内容のまとまり
人はなぜ働くのだろう？ ～仕事を通して自己の生き方を考える～（第2学年）	「勤労」（全45時間）

本単元は，全体計画に定めた探究課題「働くことの意味や働く人の夢や願い」を踏まえて構想した単元である。総合的な学習の時間に行われる職場体験活動は，生徒が社会と関わり，自己の生き方を具体的，現実的なものとして考える探究的な学習として行われる。職場体験活動を通して，自分自身の特徴を内省的に捉えたり，周囲との関係で理解したりして，学ぶ意味や自己の将来について考える

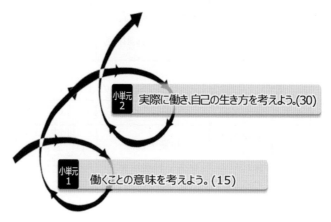

小単元2　実際に働き、自己の生き方を考えよう。(30)

小単元1　働くことの意味を考えよう。(15)

ことが期待できる。本単元は，地域にある職業を調べたり，実際に体験したりする活動を通して，単元の目標にある資質・能力の育成を目指したものである。

1　単元の目標

地域の仕事や，その仕事に取り組む人々に関する探究的な学習を通して，働くことの意味と自分自身の生き方との関わりに気付き，働くことの意味を自分との関わりで考えるとともに，今後の学習や生活の在り方に積極的に生かすことができるようにする。

2　単元の評価規準

観点	知識・技能	思考・判断・表現	主体的に学習に取り組む態度
評価規準	①働くことの意味について，収入を得るため以外にも，自分自身や他人のためになっていること，地域社会のためになっていること，それらは自己の成長とともに見いだすことができることに気付いている。 ②収集した情報を手際よく分類し，分かりやすい方法で表している。 ③働くことの意味を考える学習が，将来の職業選択のみならず，今後の自分自身の生き方に深く関わっていることを理解している。	①働くことの意味について，自分たちの考えと実際に働いている人々との考えの隔たりから，自分自身で課題を設定し，見通しをもっている。 ②他者に自分の考えが伝わるように，目的に合わせて情報を分類したり，効果を意識して表現方法を組み合わせたりしている。 ③相手や目的に応じて自分自身の考えをまとめ，適切な方法で表現している。	①課題解決に向けて見通しをもち，粘り強く取り組み，自身の活動を振り返りながら次時の活動に生かそうとしている。 ②仕事と自分との関わりに関心をもち，今後の学習や生活の在り方を積極的に考えようとしている。

第3編
事例2

3 指導と評価の計画 （45時間）

小単元名（時数）	ねらい・学習活動	知	思	態	評価方法
1 働くことの意味を考えよう。（15）	・自分で考えた働くことの意味と，実際に働いている人が考える働くことの意味には違いがあることに気付く。 ・地域にある職業を知り，職場体験学習をする事業所を決定し，事業種ごとに働くことの意味を探る計画を立てる。		①		・ワークシート
	・事業所にインタビュー(兼事前訪問)をしたり，保護者や地域へのアンケートを実施したりして，情報を集める。 ・調査活動によって得た情報をもとに，働くことの意味について考える。 **具体的事例①「知識・技能①」**	①			・ウェビングマップ ・ワークシート
	・インタビューやアンケートで得られた情報を伝えたいことに即して分類したり，表現したりする。 **具体的事例②「思考・判断・表現②」** ・整理した情報をまとめ，学級全体で共有する。	②	②		・レポート ・振り返りシート
	・全体共有で感じた疑問点をグループで共有し，今後の活動の見通しをもつ。			①	・振り返りシート
2 実際に働き，自己の生き方を考えよう。（30）	・疑問点をまとめ，課題として設定するとともに，職場体験学習の計画を立てる。 ・実際に職場体験学習を行い，事業所の方に新たな疑問についてインタビューをしたり，体験から得た感覚的な情報を自己の変化に着目して職場体験ハンドブックにまとめたりする。		③		・職場体験ハンドブック ・発言 ・分析シート
	・インタビュー活動で得た新たな情報や職場体験を通して記録したことを整理・分析し，仕事をする理由と自己の成長の関係を知る。 ・将来の職業をイメージし，今後どのような社会人になりたいか，これからどのように生きたいかの提言をレポートにまとめ，立志式で発表する。また，発表内容を事業所に感謝の手紙とともに送り，事業所の方からコメントをもらう。 **具体的事例③「知識・技能③」**	③		②	・提言レポート ・事業所にあてた礼状

　本単元は，中心的な学習活動を，地域にある職業を調べたり，実際に体験したりする活動とした上で，以下に示す二つの小単元で構成するとともに，小単元ごとの学習活動において，資質・能力を発揮する生徒の姿を想定し，次のような意図をもって評価場面及び評価規準を設定した。

　小単元1は，身近に働く人から手に入れた情報から，働くことの意味を考える学習活動を行う場面である。単元の導入においては，自分の考えとの違いから課題を設定することから「思考・判断・表

現①」の評価規準を設定した。また，小単元の終末には，学習活動を振り返り，小単元２における実際の職場体験活動への見通しをもつことが期待できることから「主体的に学習に取り組む態度①」の評価規準を設定した。その過程においては，働くことの意味を重層的に理解する「知識・技能①」を評価規準として設定している。また，収集した情報を滑らかに手際よく仕分け，効果的に表現することを期待して「知識・技能②」「思考・判断・表現②」の評価規準を設定した。

　小単元２は，実際に働くことを通して，自己の生き方を考え発表する学習活動を行う場面である。個別の疑問に応じた情報収集を行い，その分析結果を，相手意識を明確にしてまとめることから「思考・判断・表現③」の評価規準を設定した。そこでは，働くことと自己の生き方との関わりが鮮明になることから「知識・技能③」の評価規準を設定し，その中で，自らの生活や生き方を前向きに考えていくようになることから「主体的に学習の取り組む態度②」の評価規準を設定した。

4　観点別学習状況の評価の進め方
（１）知識・技能（具体的事例❶）
①評価の場面

　単元の導入で働く意味は収入を得ることだけではないことを知った生徒は，「人はなぜ働くのだろう」という課題を設定した。生徒は保護者に働くことの意味についてのアンケートを実施するとともに，次の小単元で実施を予定している職場体験活動の訪問事業所にも実際に出向き，同様のインタビューを行った。

　活動から得られた情報を整理・分析する場面で，ウェビングマップとワークシートに記述したものを「知識・技能①」の評価資料とした。

②学習活動における生徒の姿と評価の結果
【評価規準「知識・技能①」】

　　働くことの意味について，収入を得るため以外にも，自分自身や他人のためになっていること，地域社会のためになっていること，それらは自己の成長とともに見いだすことができることに気付いている。

　次の図１，図２に示すものは，アンケートやインタビュー活動の前後で生徒Aが表現したウェビングマップとワークシートへの記述である。

　図１にはなく図２のみに見られる「自分のため」と書かれた部分（図２-a）に着目した。アンケートから得られた「達成感」という意見や，「社会とつながっていたい」という意見が「自分のため」に繋がっている。このことから，生徒Aは「達成感」や「社会とつながっていたい」という意見のどれもが「自分のため」であるという考えに至ったと解釈することができる。また，下線②には「意外だった」と書かれている。この記述から，働くことの意味について新たな視点に気付くとともに，働くことの意味が拡張されたことを生徒A自身が自覚しているものと解釈することができる。

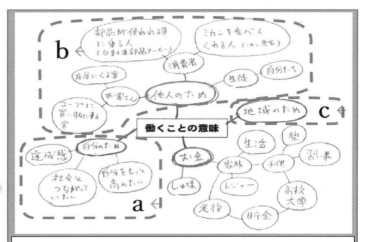

働く理由は，お金をもらうためだと思います。お金がないと，生活していけません。家族を養うのもお金が必要です。あと，学校の先生は生徒のために，病院の医者は患者のために働いているとも言えるので，他人のためでもあると思います。

働く理由は「お金のため」「他人のため」「自分のため」①「地域のため」の４つであることが分かりました。②二番意外だったのが，「自分のため」という意見です。今度職場体験で行く事業所の方も，「自分の技術をさらに高めたい」と話していました。また，「他人のため」とは学校の先生とかしか考えていませんでしたが，ミカン農家の方が「このミカンを食べてくれる人のため」と言っていて，③直接会わない人も含まれるんだと思いました。

図１：単元導入時の生徒Ａのウェビングマップと記述

図２：整理・分析時の生徒Ａのウェビングマップと記述

次に，図２の「他人のため」と書かれた部分(図２-b)に着目した。図１の記述には，直接，人に関わる仕事しか書かれていないが，図２のウェビングマップには，そのような職業に加えて間接的に関わる仕事（「この部品が使われる製品を使ってくれる人」等）についても書かれている。ここから，生徒Ａにとっての「他人のため」という意味が，直接的に関わる人物から間接的に関わる人物も含めた，仕事に関する全ての人を指す言葉へと更新されているものと解釈することができる。また，そのことは，下線③の記述にも表われている。

最後に，図２の下線①に着目した。生徒Ａは働くことの意味として「地域のため」を記述しているものの，ウェビングマップでは「地域のため」という情報に繋がる具体的な情報が書かれていない(図２-c)。ここから，生徒Ａは，インタビューやアンケートから「地域のため」という情報は得られたものの，それに関する具体的な情報がないため概念化には至っていないと解釈できる。

以上の考察から生徒Ａは，「働くことの意味について収入を得るため以外に，自分自身や他人のためになっていることを概念的に理解している」と評価できる。しかし，地域社会のためになっていることについては，少なくとも図２のウェビングマップからは概念的な理解に至っているとは評価できない。そこで教師は，生徒Ａに対し，図２-b の「他人のため」として気付いたことをもとにして，他者のために働くことが互いに発展的に繰り返されることで，地域社会が活気付いた事例がなかったかどうか，集めた情報を再確認するよう促したところ，生徒Ａは，各事業所が協力して地域のために定期的に開催しているイベントの存在に気付き，具体的なイメージとともに理解することができた。

（2）思考・判断・表現（具体的事例❷）

①評価の場面

　　働くことの意味について理解を得た生徒は，調査内容を学級内で発表することにした。そのために，働くことの理由について，自分の考えが伝わるように円滑に情報を分類したり表現を工夫したりする。ここではコンピュータを用いてデータを表やグラフに整理し，レポートにまとめたものを中心に「思考・判断・表現②」の評価資料とした。

②学習活動における生徒の姿と評価の結果

【評価規準「思考・判断・表現②」】

　　他者に自分の考えが伝わるように，目的に合わせて情報を分類したり，効果を意識して表現方法を組み合わせたりしている。

　生徒Bが作成した図3のグラフに着目した。グラフエリアの縦軸を調整し，年代別に違いが分かりやすいグラフとなっている。実際の観察からも，生徒Bはグラフ化するまでの手順を友達に聞くことなくスムーズにデータを入力し，それをグラフ化することができていた。これらは，小学校から中学校にかけて各教科等で習得したコンピュータで文字等を入力する技能や，データをグラフに整理する技能を発揮した結果と解釈することができる。

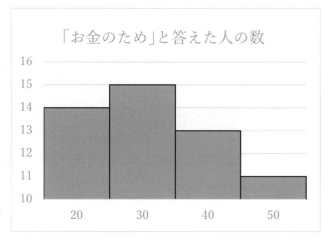

図3：生徒Bが作成したグラフ

さらに，同じ生徒Bが作成したレポートの一部（図4）に着目した。グラフや写真が使われており，調査内容が一目で分かるように表現されている。

生徒Bの振り返りシートには，質問1，2の結果に対してグラフを用いた理由（下線①）や，写真を加えた理由（下線②）が記載されている。この記載からは，視覚的に分かりやすいグラフのよさや，説明文を補助するための写真の特性を生かして，表現方法を複合的に活用し，意図的にレポートとして表現していると解釈することができる。

こうした生徒Bの姿から評価規準に示す資質・能力が育成されていると考えることができる。

> まず，アンケート結果を①グラフで載せるようにしました。表を載せるよりパッと見て分かりやすいと思ったからです。（中略）また，②ウィッグというものが分からないと思い，写真を入れました。（後略）

生徒Bの振り返りシート

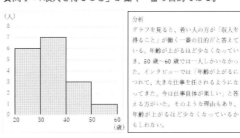

図4：生徒Bが作成したレポートの一部

（3）知識・技能（具体的事例❸）

①評価の場面

生徒たちは，小単元1の活動で，働くことの意味についての概念的な理解を得た。また，小単元2の活動で，働くことの意味をもつためには，自分自身が成長しなければならないことを知った。

生徒たちは，それらの活動を踏まえて，事業所にお礼状を書くことにした。ここでは，事業所に宛てた礼状を「知識・技能③」の評価資料とした。

②学習活動における生徒の姿と評価の結果
【評価規準「知識・技能③」】

働くことの意味を考える学習が，将来の職業選択のみならず，今後の自分自身の生き方に深く関わっていることを理解している。

生徒Cが書いた礼状と，職場体験中の生徒Cに関する担当職員の記録に着目した。

生徒Cが書いた「事業所への感謝の手紙」から

　探究活動を始める前までは，働くことの意味について，そこまで深く考えることはありませんでした。けれども，探究活動を進めながら，働くことに多くの意味を見付け出すことができました。そしてそれは，自分が変わらないと見えてこないことも知りました。

　それが分かったのは，〇〇さんが言われた「仕事が魅力的になるのではない。仕事に魅力を感じる人間にならなければならないんだ」という言葉です。①最初は，分かったような分からないような感じでしたが，そのことを考えながら職場体験で実際に働いてみて，その意味が少しずつ分かってきたような気がしました。それが分かってくると，②更に仕事に魅力を感じ，最終日は初日以上に働くことの意味を感じながら体験をすることができました。（後略）

職場体験中の生徒Cの様子（生徒が訪問した際の担当職員の記録）

1日目	緊張しながらも，お客に挨拶をする。休憩時間になっても，お客の話をうなずきながら聞いていた。
2日目	緊張がだいぶほぐれていた。お客に元気に挨拶ができる。店主の指示がなくても，自ら進んで作業をしていた。 　「店主が言ったことが少し分かった。例えば，お客さんが気持ちのよい挨拶ってどんなだろう，と考えるようになった。（本人談）」
3日目	挨拶だけではなく，客に話しかける場面が多く見られた。本人曰く「最初は緊張して何もできなかった分，頑張りたい」とのこと。 　お客に積極的に話しかける。進んで作業をし，店主の動きもよく観察している。 　生徒Cに「三日間，仕事についてしっかり考えながら活動していたね」と声をかけると，「この三日間で自分も少し成長できた気がする」とコメント。

　下線①には，自分の成長と仕事の関係を考えながら働き続けたことが書かれている。また，下線②には，初日と最終日の自分の仕事に対する思いの比較が書かれている。職場体験活動の初日の自分と，最終日の自分を比較し，働くことの意味を感じることができるようになった自分を捉え，自己の成長として考えており，その背景には探究的な学びがあったことを理解していたと解釈することができる。

　また，担当職員の記録を通して，職場体験活動時の生徒Cは，緊張しながらも前向きに取り組み，特に後半は自ら話しかけコミュニケーションを図るなど，自らの仕事ぶりを自覚し，それを改善しようとしていたことが推測できる。こうした姿から，生徒Cは評価規準に示す資質・能力が育成されていると考えることができる。

単元名

　善光寺WALK
～外国人観光客を英語で案内しよう～（第1学年）

内容のまとまり

「伝統文化」（全 28 時間）

　本単元は，全体計画に定めた探究課題「地域の観光資源の魅力や価値とそこを訪れる外国人観光客」を踏まえて構想した単元である。毎年多くの観光客が訪れる地域には，歴史的建造物の善光寺が，またその周辺には古くからの門前町があり，国内外を問わず多くの観光客で賑わっている。特に，外国人旅行者数は県の誘客宣伝効果により大幅に増加傾向にある。一方で，各種アンケート調査結果からは，情報発信の弱さや，外国人対応スタッフの不足といった問題状況が明らかになっている。

小単元3　善光寺WALKをまとめよう。(6)

小単元2　善光寺WALKを改善しよう。(14)

小単元1　善光寺WALKに挑戦しよう。(8)

第3編
事例3

　こうした背景から，本単元は，外国人旅行者が何を求めて善光寺を訪れるのかを知り，問題状況の解決に向けて英語で案内する活動を繰り返す中で，地域の観光資源の魅力や価値を見いだし，積極的な情報発信に取り組む活動を通して，単元の目標にある資質・能力の育成を目指したものである。

1　単元の目標

　善光寺を訪れる外国人観光客を英語で案内する活動を通して，地域の観光資源の魅力や価値，そこにある問題点について理解するとともに，外国人観光客が知りたい日本文化について考え，地域のよさを大切にしながら生活していくことができるようにする。

2　単元の評価規準

観点	知識・技能	思考・判断・表現	主体的に学習に取り組む態度
評価規準	①善光寺には固有の魅力や価値があること，それらを訪日外国人に伝えるには求めに応じた関わり方や情報発信が大切であることなどを理解している。 ②英語による観光ガイドを，相手の求めに応じた適切さで，手際よく実施している。	①外国人観光客の訪問に対して地域が抱える問題状況の中から課題を設定し，解決に必要な具体的な取組について，見通しをもって計画している。 ②外国人観光客が必要とする情報を，相手の状況を意識しながら多様な方法で収集している。 ③善光寺WALKの活動について，成果と課題に分類しながら自分の取組を整理している。 ④「善光寺WALK①」「善光寺WALK②」を振り返る中で，自分自身の変化や成長，課題に気付き，これから取り組むことを明らかにしている。	①外国人観光客との交流を繰り返し，日本文化のよさを諦めずに最後まで伝えようとしている。 ②外国人観光客への対応に関する問題状況の解決に向け，グループのメンバーと協力して取り組んでいる。

3　指導と評価の計画（28 時間）

小単元名（時数）	ねらい・学習活動	知	思	態	評価方法
1　善光寺WALKに挑戦しよう。（8）	・市を訪れる観光客に関する情報から問題点を見いだす。 ・市の観光振興課の職員を外部講師に招き，外国人旅行者に関する事情を聞く。 ・外国人観光客に善光寺の魅力や価値を伝えることに関して課題を設定する。		①		・発言 ・課題設定シート
	・外国人観光客が善光寺観光で知りたいことについて幅広く情報を集める。 ・知りたいことに応じて英語で答える想定ガイドを作成する。		②		・行動観察 ・想定ガイド
	・「善光寺WALK①」 善光寺を訪れる外国人観光客に対して，グループごとに英語を使って善光寺を案内する。 **具体的事例❶「主体的に学習に取り組む態度①」**			①	・行動観察 ・振り返りシート
2　善光寺WALKを改善しよう。（14）	・善光寺WALK①を振り返り，足りなかった情報や，必要だった関わり方について改善の見通しをもつ。 ・伝えたい情報が明確になるよう，外部講師として大学生を招き，英語を用いた案内に取り組む。		③		・発言内容 ・振り返りシート

第3編
事例3

	・「善光寺WALK②」 善光寺を訪れる外国人観光客に対して，グループごとに英語を使って善光寺を案内する。 **具体的事例❷「主体的に学習に取り組む態度②」**	②		②	・行動観察 ・振り返りシート
3 善光寺WALKをまとめよう。（6）	・2回の善光寺WALKを振り返り，外国人観光客に善光寺の魅力や価値を伝えることができたか，成果交流会を行う。	①			・発言内容
	・単元全体を振り返って「このまちで生きる私」を振り返りシートに書く。 **具体的事例❸「思考・判断・表現④」**		④		・振り返りシート

　本単元は，中心的な学習活動を，善光寺を訪れる外国人観光客への英語による案内とした上で，以下に示す三つの小単元で構成するとともに，小単元ごとの学習活動において資質・能力を発揮する生徒の姿を想定し，次のような意図をもって評価場面及び評価規準を設定した。

　小単元1は，外国人観光客の訪問や増加がもたらす問題状況から課題を設定する単元の導入場面であるとともに，善光寺を訪れる外国人観光客に関する基本的な情報を収集する場面であることから，「思考・判断・表現①」，「思考・判断・表現②」の評価規準を設定した。また，外国人観光客と諦めずに交流しようとする姿が期待できることから，「主体的に学習に取り組む態度①」の評価規準を設定した。

　小単元2は，小単元1で行った活動を振り返り，善光寺に訪れる外国人観光客を相手に英語で案内をする場面である。ここでは，情報の適切さや伝えたかった魅力や価値に照らして活動を振り返り，分析する場面であることから「思考・判断・表現③」の評価規準を設定した。また，外国人観光客に応じて適切な案内をしたり，問題状況を打開するために力を合わせて取り組もうとしたりすることを期待して「知識・技能②」，「主体的に学習に取り組む態度②」の評価規準を設定した。

　小単元3は，これまで地域の観光資源の魅力や価値を発信してきた活動全体を見つめ直すことで，自らの成長を実感し，善光寺のよさやそれを発信することの価値を理解し，そのことを継続していこうとする姿を生み出すことができると考え，「知識・技能①」，「思考・判断・表現④」の評価規準を設定した。

4　観点別学習状況の評価の進め方
（1）主体的に学習に取り組む態度（具体的事例❶）
①評価の場面

　善光寺を訪れる外国人観光客を英語で案内する「善光寺WALK」を単元に2回位置付けた。これは，5名の生徒が1グループとなって，境内を散策しながら外国人観光客を英語で案内する活動である。

　当初は，評価方法として，「振り返りシート」のみを予定していた。しかし，学年内協議の結果，「振り

返りシート」による評価に，さらに行動観察による評価を組み合わせることとした。これは，評価規準に示す資質・能力が育成された生徒の具体的な姿は，「善光寺ＷＡＬＫ」の活動中にこそ表れると考えたためである。この評価により，「善光寺ＷＡＬＫ①」の活動中に見られた生徒の「主体的に学習に取り組む態度」のフィードバックが意図的なものとなり，生徒自身が自らの学習を振り返って次の学習に向かうことにつながった。

②学習活動における生徒の姿と評価の結果
【評価規準「主体的に学習に取り組む態度①」】
　　外国人観光客との交流を繰り返し，日本文化のよさを諦めずに最後まで伝えようとしている。

　　Ｘ教諭は，生徒Ａがたどたどしい発音ながらも，メキシコから来たＭさんを案内している様子を観察していた。生徒Ａが一通りの説明を終えたところで，Ｍさんから予想外の質問があった。

Ｍさん：（小さなお堂にあった千羽鶴をじっと眺めながら）これは，何ですか？ 生徒Ａ：千羽鶴です。 Ｍさん：（千羽鶴と口にしてから）なぜ，ここにあるのですか？ 生徒Ａ：え？えっと，えっと…。（生徒Ｂらに向かって）ねえ，ねえ，なんて答えればいいのかな。 生徒Ｂ：病気が早くよくなりますように，っていう意味だよね。英語でなんて言うのかな。 　　　　（中略：生徒Ａは知っている単語をつなげて何とか伝えようと努めている。） Ｍさん：（千羽鶴の意味が分かり，感心したように）千羽鶴…，千羽鶴…。 生徒Ａ：（隣にいた生徒Ｂに向かって）やっぱり折り紙とか日本らしいものに興味があるんだ。 生徒Ｂ：うん。さっきも，おみくじのこと，たくさん聞いてたよね。

　　Ｘ教諭は，生徒Ａが「知っている単語をつなげて何とか伝えようと努めている」姿を「千羽鶴の意味をＭさんに伝えるために，粘り強くやり取りしている」と評価した。また，生徒Ａの「折り紙とか日本らしいものに興味があるんだ」というつぶやきから，英語で案内できたかどうかだけではなく，Ｍさんにとっての目的に気付きかけている状況であると判断した。そこで，Ｘ教諭は，生徒Ａに問いかけて確かめることにした。

生徒Ａ：あんなに千羽鶴のことを知りたいなんて。自分は，千羽鶴についての質問を考えてなかったので，少し困りました。 Ｘ教諭：「あんなに」って，どういうことかな。 生徒Ａ：Ｂさんも言っていたけれど，Ｍさんは，おみくじのことにも興味があって，詳しく聞いてくれたんですよ。ほかにも，書き初めとか。寺の説明のときは，「へえ～」って感じだったけど，千羽鶴の時は，「本当に知りたい」という感じでした。日本人の文化とか風習に興味があったから，あんなに千羽鶴のことが知りたかったんだなと思いました。何とか伝えることができて，喜んでもらえてよかったです。

生徒Aは，外国人観光客と関わる中で，想定していた案内を実行することができただけでなく，Mさんからの想定外の質問に応えるために千羽鶴の意味を諦めずに伝えようとしていた。この場面では，千羽鶴の意味を諦めずに伝えようとしたことを生徒自身が自覚することで，次への安定的な行為につながると考え，共感的な言葉で受け止めていることにも注目したい。こうした姿から評価規準に示す資質・能力が育成されていると考えることができる。

（２）主体的に学習に取り組む態度（具体的事例❷）

①評価の場面

　　Y教諭は，2回目の善光寺WALKで，外国人観光客のRさんに山門の説明をするグループの様子を観察していた。そこには，前回，Mさんに千羽鶴について説明した生徒Aの姿があった。山門の説明を終えた生徒Aは，手水の作法をRさんに紹介しようと考えた。どうやら，案内をしていく中で，Rさんも日本文化との出会いに期待して訪れていることを感じ取ったようである。英語による説明を準備していなかったものの，生徒Bら同じグループの仲間は喜んでこれに賛同した。

②学習活動における生徒の姿と評価の結果

【評価規準「主体的に学習に取り組む態度②」】

　　外国人観光客への対応に関する問題状況の解決に向け，グループのメンバーと協力して取り組んでいる。

生徒A：This is "CHOZU-YA".
　　　（ジェスチャーで「手を洗う場所」と伝えた後，柄杓を手に取ろうとしたが，手水の作法に急に自信がなくなった様子で）
　　　あれ？どうやってやるんだっけ？右手から？左手から？
　　　（4人の仲間に助けを求める）
Rさん：（手を後ろに組んだままだが，興味津々な様子で身を乗り出している）
生徒C：（さっと前に出てきて）お手本を見せた方がいいよ。
　　　（柄杓を手に取りRさんに見せながら）Right hand. OK?
Rさん：（うなずきながら，柄杓を右手に持つ。左手を清めた後，柄杓を持ち替えて右手を清める）
生徒C：もう一回，Right hand で柄杓を持って。（左手で水を受けて口をすすぐ動作をするが，Rさんにはよく見えていない）
生徒D：（生徒Cに向かって）口をすすぐことを言わなきゃ！
Rさん：（そのまま水を飲んでしまう）
生徒E：（Rさんが水を飲んでしまう様子を見て）あ～！飲んじゃった！ノー！ノー！

生徒Ａ：（慌てて）ダメダメ！ペッして！ペッ！

Ｒさん：No? ダメ？（もう飲んでしまったため，どうすることもできずに苦笑いをする）

生徒Ａ：（手で大きく×印を示して）ノー！ペッ！すすぐだけ。

Ｒさん：（うなずいた後，生徒Ａらに教わりながら正しい作法で口をすすぐ）

生徒Ａ：（生徒Ｃらと顔を見合わせながら）よかったあ。

　　Ｙ教諭は，生徒Ａが手水の紹介を試みたものの，正しい作法が思い浮かばなかったため，「グループの仲間に助けを求める」姿とともに，その求めに応じようと手水の説明を試行錯誤しながら伝えようとした生徒Ｃらを，協働的に学ぶ姿として捉えた。また，生徒Ａの「よかったあ」というつぶやきは，一人では難しかったことを仲間のおかげで成し遂げられたという実感によるものと解釈した。そこで，Ｙ教諭は，評価規準に照らし，英語での説明は十分ではないものの，主体的かつ協働的に問題解決しようとしている姿と評価した。

　　「善光寺ＷＡＬＫ②」を終えて教室に戻った生徒Ａは次のように振り返っている。

（生徒Ａの「振り返りシート」より）

　私は，外国人観光客の皆さんは，善光寺の歴史や大勧進や仁王門などを詳しく説明すれば，喜んでくれると思っていたけど，Ｍさんと同じようにＲさんも日本らしいものが好きでした。

　英語の説明は難しかったけど，日本語を英語に直すときに，ジェスチャーを加えて説明すると分かってもらえたと思うし，よりコミュニケーションがとれます。でも，Ｒさんから質問された時や，自分の説明が通じなかった時に，他の英語を使うことができずに戸惑ってしまうことがありました。でも，そんなときは，班のみんなと協力することで解決することができました。まだまだ善光寺についての情報が足りなかったし，英語の言い方が分からずに戸惑ってしまったので，情報を集めたり，英語の言い方に慣れたりしたいです。

　また，外国人観光客が関心をもっている内容がだんだんわかってきたので，今度は，グループの仲間と説明する内容を分担しておくと，もっとコミュニケーションをとったり，魅力を伝えたりできると思いました。もっともっとコミュニケーションをしたいです。

　　学習活動中の生徒の学習状況の把握と改善を行うに当たっては，どの教師も同じように生徒の姿を判断することのできる評価規準が求められる。そこで，１学年に所属する全ての教師によって，評価規準，評価方法，評価場面の検討を行うことにした。このことにより，全ての教師が同じ視点で生徒の姿を見取り，適切なフィードバックをすることができたと考える。具体的には，Ｙ教諭は，「善光寺ＷＡＬＫ①」中にＸ教諭が観察した生徒Ａの学習状況を共有しつつ，行動観察や「振り返りシート」の記述内容と照らし合わせ，「外国人観光客への対応に関する問題状況の解決に向け，グループのメンバーと協力して取り組んでいる。」姿であると評価しており，評価が授業改善に生きるという，学習評価の機能を再確認することにもつながった。こうした生徒Ａの姿から評価規準に示す資質・能力が育成されていると考えることができる。

（３）思考・判断・表現（具体的事例❸）

①評価の場面

「善光寺ＷＡＬＫ①」「善光寺ＷＡＬＫ②」での二回の学習活動を思い起こし，自らの行為を振り返りながら，そこでの成果や課題を明らかにしていった。説明や表現，コミュニケーションが上手く行えることもあれば，手詰まりになり言葉が出てこない場面もある。そうした一つ一つの場面を見つめ直す振り返りの学習活動を行うことで，自分自身の成長や変化を確認し，これからの取組の方向性を明らかにすることを行った。

②学習活動における生徒の姿と評価の結果

【評価規準「思考・判断・表現④」】

「善光寺ＷＡＬＫ①」「善光寺ＷＡＬＫ②」を振り返る中で，自分自身の変化や成長，課題に気付き，これから取り組むことを明らかにしている。

生徒たちは，それぞれの活動場面を思い起こし，成果交流会で互いに交流していく。活動中に起きた事実だけではなく，そこで感じたこと，その場面での自分自身の思いも表出し，交流することとした。その際，「善光寺ＷＡＬＫ①」と「善光寺ＷＡＬＫ②」とを比較し，その違いを鮮明にすることも意識した。比較することで見えてくる共通点と相違点は，自分自身の成長を自覚することにもなる。そして，自分自身の課題を浮き彫りにすることにもつながる。

また，学級全体での振り返りと見つめ直しは，自分自身のことをクローズアップし，現在の自分の姿を鮮明にしてくれる。一方，そのことは，学級全体としての取組の成果やこれからの活動への期待や願いを生み出すことにも向かっていった。生徒Aは，以下のように振り返っている。

> **（生徒Aの「振り返りシート」より）**
>
> 二回の「善光寺ＷＡＬＫ」は私を大きく成長させてくれた。
>
> 最初の頃，外国の方との交流に，私は胸を躍らせて取り組んだ。なぜなら，英語を話すことに興味があったし，教科の中でも英語は得意だったからだ。しかし，現実は大きく異なっていた。一回目の時は，なかなか伝わらない自分の言葉に歯がゆさを感じた。「どうして伝わらないのだろう」「話し方かな」「声の大きさかな」と考え込んだ。実際，言葉が出なくて行き詰まったこともあったし，相手に不親切な対応をしてしまったこともあったと思う。
>
> そんな時，クラスの仲間が助けてくれた。そして，みんなで乗り切ることもできた。どうすれば上手くコミュニケーションがとれるのか，伝えたいことを伝えられるのかを話し合ううちに，もっと相手の立場に立つこと，伝えたいという強い思いをもつことが大切だと気付いた。そのことが，善光寺のよさを再度学ぼうと思ったきっかけだった。善光寺の本当の魅力を感じていない私が，いくら伝えようとしてもそれは表面的なものになる。言葉には思いをのせないと伝わらないことを強く感じた。
>
> このことは，きっと日本の方に話すときも同じだと思う。幸い私の住む長野市には，素晴らしい文化遺産としての善光寺がある。長野市のよさを再度発見して，そのことを伝えられるように成長していきたいと考えている。

観察した学習状況を共有しつつ，「振り返りシート」の記述内容と照らし合わせた生徒Aの姿から，評価規準に示す資質・能力が育成されていると考えることができる。

巻末資料

評価規準，評価方法等の工夫改善に関する調査研究について

平成 31 年 2 月 4 日　国立教育政策研究所長裁定

平成 31 年 4 月 12 日　一　　部　　改　　正

1　趣　旨

　学習評価については，中央教育審議会初等中等教育分科会教育課程部会において「児童生徒の学習評価の在り方について」（平成31年1月21日）の報告がまとめられ，新しい学習指導要領に対応した，各教科等の評価の観点及び評価の観点に関する考え方が示されたところである。

　これを踏まえ，各小学校，中学校及び高等学校における児童生徒の学習の効果的，効率的な評価に資するため，教科等ごとに，評価規準，評価方法等の工夫改善に関する調査研究を行う。

2　調査研究事項

（1）評価規準及び当該規準を用いた評価方法に関する参考資料の作成

（2）学校における学習評価に関する取組についての情報収集

（3）上記（1）及び（2）に関連する事項

3　実施方法

　調査研究に当たっては，教科等ごとに教育委員会関係者，教師及び学識経験者等を協力者として委嘱し，2の事項について調査研究を行う。

4　庶　務

　この調査研究にかかる庶務は，教育課程研究センターにおいて処理する。

5　実施期間

　平成31年4月19日〜令和2年3月31日

巻末資料

評価規準，評価方法等の工夫改善に関する調査研究協力者（五十音順）

（職名は平成31年4月現在）

内田　裕斗　　　　愛知県岡崎市立新香山中学校教諭

河野麻沙美　　　　上越教育大学大学院准教授

谷内　祐樹　　　　長野県教育委員会指導主事

宮迫　隆浩　　　　独立行政法人教職員支援機構研修協力員

泰山　　裕　　　　鳴門教育大学准教授

国立教育政策研究所においては，次の関係官が担当した。

渋谷　一典　　　　国立教育政策研究所教育課程研究センター研究開発部教育課程調査官

この他，本書編集の全般にわたり，国立教育政策研究所において以下の者が担当した。

鈴木　敏之　　　　国立教育政策研究所教育課程研究センター長
　　　　　　　　　　　　　　　　　　　　　　　　　　（令和2年7月1日から）
笹井　弘之　　　　国立教育政策研究所教育課程研究センター長
　　　　　　　　　　　　　　　　　　　　　　　　　　（令和2年6月30日まで）
清水　正樹　　　　国立教育政策研究所教育課程研究センター研究開発部副部長

岩城由紀子　　　　国立教育政策研究所教育課程研究センター研究開発部研究開発課長
　　　　　　　　　　　　　　　　　　　　　　　　　　（令和2年4月1日から）
髙井　　修　　　　国立教育政策研究所教育課程研究センター研究開発部研究開発課長
　　　　　　　　　　　　　　　　　　　　　　　　　　（令和2年3月31日まで）
間宮　弘介　　　　国立教育政策研究所教育課程研究センター研究開発部研究開発課指導係長
　　　　　　　　　　　　　　　　　　　　　　　　　　（令和2年4月1日から）
高橋　友之　　　　国立教育政策研究所教育課程研究センター研究開発部研究開発課指導係長
　　　　　　　　　　　　　　　　　　　　　　　　　　（令和2年3月31日まで）
奥田　正幸　　　　国立教育政策研究所教育課程研究センター研究開発部研究開発課指導係専門職

髙辻　正明　　　　国立教育政策研究所教育課程研究センター研究開発部教育課程調査官
　　　　　　　　　　　　　　　　　　　　　　　　　　（令和2年4月1日から）
森　　孝博　　　　国立教育政策研究所教育課程研究センター研究開発部教育課程調査官
　　　　　　　　　　　　　　　　　　　　　　　　　　（令和2年3月31日まで）

巻末
資料

学習指導要領等関係資料について

　学習指導要領等の関係資料は以下のとおりです。いずれも，文部科学省や国立教育政策研究所のウェブサイトから閲覧が可能です。スマートフォンなどで閲覧する際は，以下の二次元コードを読み取って，資料に直接アクセスする事が可能です。本書と合わせて是非ご覧ください。

① 学習指導要領、学習指導要領解説　等
② 中央教育審議会答申「幼稚園、小学校、中学校、高等学校及び特別支援学校の学習指導要領等の改善及び必要な方策等について」(平成 28 年 12 月 21 日)
③ 中央教育審議会初等中等教育分科会教育課程部会報告「児童生徒の学習評価の在り方について」(平成 31 年 1 月 21 日)
④ 小学校，中学校，高等学校及び特別支援学校等における児童生徒の学習評価及び指導要録の改善等について(平成 31 年 3 月 29 日 30 文科初第 1845 号初等中等教育局長通知)
　　　　　　　　　※各教科等の評価の観点等及びその趣旨や指導要録(参考様式)は，同通知に掲載。
⑤ 学習評価の在り方ハンドブック(小・中学校編)(令和元年 6 月)
⑥ 学習評価の在り方ハンドブック(高等学校編)(令和元年 6 月)
⑦ 平成 29 年改訂の小・中学校学習指導要領に関する Q&A
⑧ 平成 30 年改訂の高等学校学習指導要領に関する Q&A
⑨ 平成 29・30 年改訂の学習指導要領下における学習評価に関する Q&A

巻末資料

① ② ③
④ ⑤ ⑥
⑦ ⑧ ⑨

学習評価の在り方ハンドブック

小・中学校編

P2　学習指導要領　学習指導要領解説

P4　学習評価の基本的な考え方

P6　学習評価の基本構造

P7　特別の教科 道徳, 外国語活動, 総合的な学習の時間及び特別活動の評価について

P8　観点別学習状況の評価について

P10　学習評価の充実

P12　Q&A　－先生方の質問にお答えします－

文部科学省　国立教育政策研究所教育課程研究センター

学習指導要領

学習指導要領とは, 国が定めた「教育課程の基準」です。

（学校教育法施行規則第52条, 74条,84条及び129条等より）

■学習指導要領の構成
〈小学校の例〉

総則は, 以下の項目で整理され, 全ての教科等に共通する事項が記載されています。

- ● 第1　小学校教育の基本と教育課程の役割
- ● 第2　教育課程の編成
- ● 第3　教育課程の実施と学習評価
- ● 第4　児童の発達の支援
- ● 第5　学校運営上の留意事項
- ● 第6　道徳教育に関する配慮事項

> 学習評価の
> 実施に当たっての
> 配慮事項

```
前文
第1章　総則
第2章　各教科
　　　　第1節　　国語
　　　　第2節　　社会
　　　　第3節　　算数
　　　　第4節　　理科
　　　　第5節　　生活
　　　　第6節　　音楽
　　　　第7節　　図画工作
　　　　第8節　　家庭
　　　　第9節　　体育
　　　　第10節　　外国語
第3章　特別の教科 道徳
第4章　外国語活動
第5章　総合的な学習の時間
第6章　特別活動
```

各教科等の目標, 内容等が記載されています。

（例）第1節　国語

- ● 第1　目標
- ● 第2　各学年の目標及び内容
- ● 第3　指導計画の作成と内容の取扱い

　平成29年改訂学習指導要領の各教科等の目標や内容は, 教育課程全体を通して育成を目指す資質・能力の三つの柱に基づいて再整理されています。

ア 何を理解しているか, 何ができるか
　　（生きて働く「知識・技能」の習得）
イ 理解していること・できることをどう使うか（未知の状況にも
　　対応できる「思考力・判断力・表現力等」の育成）
ウ どのように社会・世界と関わり, よりよい人生を送るか
　　（学びを人生や社会に生かそうとする「学びに向かう力・
　　人間性等」の涵養）

平成29年改訂「小学校学習指導要領」より
※中学校もおおむね同様の構成です。

詳しくは, 文部科学省Webページ「学習指導要領のくわしい内容」をご覧ください。
(http://www.mext.go.jp/a_menu/shotou/new-cs/1383986.htm)

学習指導要領解説

　学習指導要領解説とは, 大綱的な基準である学習指導要領の記述の意味や解釈などの詳細について説明するために, 文部科学省が作成したものです。

■学習指導要領解説の構成
〈小学校 国語編の例〉

● 第1章　総説
　　　1　改訂の経緯及び基本方針
　　　2　国語科の改訂の趣旨及び要点

→ 総説
改訂の経緯及び
基本方針

● 第2章　国語科の目標及び内容
　第1節　国語科の目標
　　　1　教科の目標
　　　2　学年の目標
　第2節　国語科の内容
　　　1　内容の構成
　　　2　〔知識及び技能〕の内容
　　　3　〔思考力, 判断力, 表現力等〕の内容

● 第3章　各学年の内容
　第1節　第1学年及び第2学年の内容
　　　1　〔知識及び技能〕
　　　2　〔思考力, 判断力, 表現力等〕
　第2節　第3学年及び第4学年の内容
　　　1　〔知識及び技能〕
　　　2　〔思考力, 判断力, 表現力等〕
　第3節　第5学年及び第6学年の内容
　　　1　〔知識及び技能〕
　　　2　〔思考力, 判断力, 表現力等〕

● 第4章　指導計画の作成と内容の取扱い
　　　1　指導計画作成上の配慮事項
　　　2　内容の取扱いについての配慮事項
　　　3　教材についての配慮事項

● 付録
　付録1：学校教育施行規則(抄)
　付録2：小学校学習指導要領　第1章　総則
　付録3：小学校学習指導要領　第2章　第1節　国語
　付録4：教科の目標,各学年の目標及び内容の系統表
　　　　　(小・中学校国語科)
　付録5：中学校学習指導要領　第2章　第1節　国語
　付録6：小学校学習指導要領　第2章　第10節　外国語
　付録7：小学校学習指導要領　第4章　外国語活動
　付録8：小学校学習指導要領　第3章　特別の教科　道徳
　付録9：「道徳の内容」の学年段階・学校段階の一覧表
　付録10：幼稚園教育要領

教科等の目標
及び内容の概要

参考
(系統性等)

学年や
分野ごとの内容

指導計画作成や
内容の取扱いに係る配慮事項

「小学校学習指導要領解説 国語編」より
※中学校もおおむね同様の構成です。「総則編」,「総合的な学習の時間編」及び「特別活動編」は異なった構成となっています。

▶ 教師は, 学習指導要領で定めた資質・能力が, 児童生徒に確実に育成されているかを評価します

学習評価の基本的な考え方

　学習評価は，学校における教育活動に関し，児童生徒の学習状況を評価するものです。「児童生徒にどういった力が身に付いたか」という学習の成果を的確に捉え，**教師が指導の改善を図る**とともに，**児童生徒自身が自らの学習を振り返って次の学習に向かうことができるようにする**ためにも，学習評価の在り方は重要であり，教育課程や学習・指導方法の改善と一貫性のある取組を進めることが求められます。

▍カリキュラム・マネジメントの一環としての指導と評価

　各学校は，日々の授業の下で児童生徒の学習状況を評価し，その結果を児童生徒の学習や教師による指導の改善や学校全体としての教育課程の改善，校務分掌を含めた組織運営等の改善に生かす中で，学校全体として組織的かつ計画的に教育活動の質の向上を図っています。

　このように，「学習指導」と「学習評価」は学校の教育活動の根幹であり，教育課程に基づいて組織的かつ計画的に教育活動の質の向上を図る「カリキュラム・マネジメント」の中核的な役割を担っています。

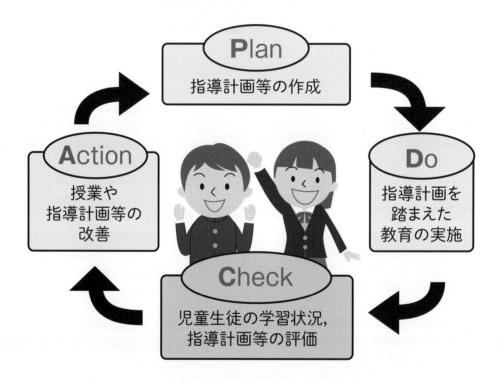

▍主体的・対話的で深い学びの視点からの授業改善と評価

　指導と評価の一体化を図るためには，児童生徒一人一人の学習の成立を促すための評価という視点を一層重視することによって，教師が自らの指導のねらいに応じて授業の中での児童生徒の学びを振り返り，学習や指導の改善に生かしていくというサイクルが大切です。平成29年改訂学習指導要領で重視している「主体的・対話的で深い学び」の視点からの授業改善を通して，各教科等における資質・能力を確実に育成する上で，学習評価は重要な役割を担っています。

次の授業では
○○を重点的に
指導しよう。

○○のところは
もっと〜した方が
よいですね。

- ☑ 教師の指導改善に
  つながるものにしていくこと

- ☑ 児童生徒の学習改善に
  つながるものにしていくこと

- ☑ これまで慣行として行われてきたことでも,
  必要性・妥当性が認められないものは
  見直していくこと

詳しくは,平成31年3月29日文部科学省初等中等教育局長通知「小学校,中学校,高等学校及び特別支援学校等における児童生徒の学習評価及び指導要録の改善等について(通知)」をご覧ください。
(http://www.mext.go.jp/b_menu/hakusho/nc/1415169.htm)

 コラム

評価に戸惑う児童生徒の声

「先生によって観点の重みが違うんです。授業態度をとても重視する先生もいるし,テストだけで判断するという先生もいます。そうすると,どう努力していけばよいのか本当に分かりにくいんです。」(中央教育審議会初等中等教育分科会教育課程部会 児童生徒の学習評価に関するワーキンググループ第7回における高等学校3年生の意見より)

あくまでこれは一部の意見ですが,学習評価に対する児童生徒のこうした意見には,適切な評価を求める切実な思いが込められています。そのような児童生徒の声に応えるためにも,教師は,児童生徒への学習状況のフィードバックや,授業改善に生かすという評価の機能を一層充実させる必要があります。教師と児童生徒が共に納得する学習評価を行うためには,評価規準を適切に設定し,評価の規準や方法について,教師と児童生徒及び保護者で共通理解を図るガイダンス的な機能と,児童生徒の自己評価と教師の評価を結び付けていくカウンセリング的な機能を充実させていくことが重要です。

Column

学習評価の基本構造

　平成29年改訂で, 学習指導要領の目標及び内容が資質・能力の三つの柱で再整理されたことを踏まえ, 各教科における観点別学習状況の評価の観点については,「知識・技能」,「思考・判断・表現」,「主体的に学習に取り組む態度」の3観点に整理されています。

「学びに向かう力, 人間性等」には
①「主体的に学習に取り組む態度」として観点別評価(学習状況を分析的に捉える)を通じて見取ることができる部分と,
②観点別評価や評定にはなじまず, こうした評価では示しきれないことから個人内評価を通じて見取る部分があります。

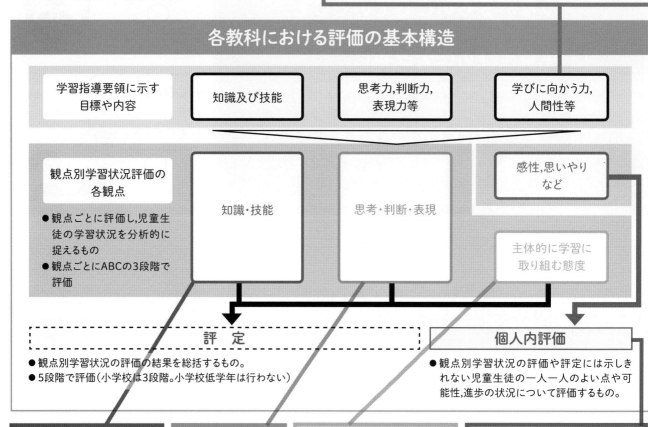

各教科における評価の基本構造

| 学習指導要領に示す目標や内容 | 知識及び技能 | 思考力, 判断力, 表現力等 | 学びに向かう力, 人間性等 |

観点別学習状況評価の各観点
● 観点ごとに評価し, 児童生徒の学習状況を分析的に捉えるもの
● 観点ごとにABCの3段階で評価

知識・技能　　　思考・判断・表現　　　感性, 思いやりなど

主体的に学習に取り組む態度

評定
● 観点別学習状況の評価の結果を総括するもの。
● 5段階で評価(小学校は3段階。小学校低学年は行わない)

個人内評価
● 観点別学習状況の評価や評定には示しきれない児童生徒の一人一人のよい点や可能性, 進歩の状況について評価するもの。

　各教科等における学習の過程を通した知識及び技能の習得状況について評価を行うとともに, それらを既有の知識及び技能と関連付けたり活用したりする中で, 他の学習や生活の場面でも活用できる程度に概念等を理解したり, 技能を習得したりしているかを評価します。

　各教科等の知識及び技能を活用して課題を解決する等のために必要な思考力, 判断力, 表現力等を身に付けているかどうかを評価します。

　知識及び技能を獲得したり, 思考力, 判断力, 表現力等を身に付けたりするために, 自らの学習状況を把握し, 学習の進め方について試行錯誤するなど自らの学習を調整しながら, 学ぼうとしているかどうかという意思的な側面を評価します。

　個人内評価の対象となるものについては, 児童生徒が学習したことの意義や価値を実感できるよう, 日々の教育活動等の中で児童生徒に伝えることが重要です。特に,「学びに向かう力, 人間性等」のうち「感性や思いやり」など児童生徒一人一人のよい点や可能性, 進歩の状況などを積極的に評価し児童生徒に伝えることが重要です。

　詳しくは, 平成31年1月21日文部科学省中央教育審議会初等中等教育分科会教育課程部会「児童生徒の学習評価の在り方について(報告)」をご覧ください。
(http://www.mext.go.jp/b_menu/shingi/chukyo/chukyo3/004/gaiyou/1412933.htm)

特別の教科 道徳, 外国語活動, 総合的な学習の時間及び特別活動の評価について

　特別の教科 道徳, 外国語活動（小学校のみ）, 総合的な学習の時間, 特別活動についても, 学習指導要領で示したそれぞれの目標や特質に応じ, 適切に評価します。なお, 道徳科の評価は, 入学者選抜の合否判定に活用することのないようにする必要があります。

特別の教科 道徳（道徳科）

　児童生徒の人格そのものに働きかけ, 道徳性を養うことを目標とする道徳科の評価としては, 観点別評価は妥当ではありません。授業において児童生徒に考えさせることを明確にして,「道徳的諸価値についての理解を基に, 自己を見つめ, 物事を（広い視野から）多面的・多角的に考え, 自己の（人間としての）生き方についての考えを深める」という学習活動における児童生徒の具体的な取組状況を, 一定のまとまりの中で, 児童生徒が学習の見通しを立てたり学習したことを振り返ったりする活動を適切に設定しつつ, 学習活動全体を通して見取ります。

外国語活動（小学校のみ）

　評価の観点については, 学習指導要領に示す「第1目標」を踏まえ, 右の表を参考に設定することとしています。この3つの観点に則して児童の学習状況を見取ります。

知識・技能	思考・判断・表現	主体的に学習に取り組む態度
●外国語を通して, 言語や文化について体験的に理解を深めている。 ●日本語と外国語の音声の違い等に気付いている。 ●外国語の音声や基本的な表現に慣れ親しんでいる。	身近で簡単な事柄について, 外国語で聞いたり話したりして自分の考えや気持ちなどを伝え合っている。	外国語を通して, 言語やその背景にある文化に対する理解を深め, 相手に配慮しながら, 主体的に外国語を用いてコミュニケーションを図ろうとしている。

総合的な学習の時間

　評価の観点については, 学習指導要領に示す「第1目標」を踏まえ, 各学校において具体的に定めた目標, 内容に基づいて, 右の表を参考に定めることとしています。この3つの観点に則して児童生徒の学習状況を見取ります。

知識・技能	思考・判断・表現	主体的に学習に取り組む態度
探究的な学習の過程において, 課題の解決に必要な知識や技能を身に付け, 課題に関わる概念を形成し, 探究的な学習のよさを理解している。	実社会や実生活の中から問いを見いだし, 自分で課題を立て, 情報を集め, 整理・分析して, まとめ・表現している。	探究的な学習に主体的・協働的に取り組もうとしているとともに, 互いのよさを生かしながら, 積極的に社会に参画しようとしている。

特別活動

　特別活動の特質と学校の創意工夫を生かすということから, 設置者ではなく, 各学校が評価の観点を定めることとしています。その際, 学習指導要領に示す特別活動の目標や学校として重点化した内容を踏まえ, 例えば以下のように, 具体的に観点を示すことが考えられます。

特別活動の記録								
内容	観点＼学年		1	2	3	4	5	6
学級活動	よりよい生活を築くための知識・技能		○		○	○	○	
児童会活動	集団や社会の形成者としての思考・判断・表現			○			○	
クラブ活動	主体的に生活や人間関係をよりよくしようとする態度					○		
学校行事				○		○	○	

　各学校で定めた観点を記入した上で, 内容ごとに, 十分満足できる状況にあると判断される場合に, ○印を記入します。

　○印をつけた具体的な活動の状況等については,「総合所見及び指導上参考となる諸事項」の欄に簡潔に記述することで, 評価の根拠を記録に残すことができます。

小学校児童指導要録（参考様式）様式2の記入例（5年生の例）

　なお, 特別活動は学級担任以外の教師が指導する活動が多いことから, 評価体制を確立し, 共通理解を図って, 児童生徒のよさや可能性を多面的・総合的に評価するとともに, 確実に資質・能力が育成されるよう指導の改善に生かすことが求められます。

観点別学習状況の評価について

　観点別学習状況の評価とは，学習指導要領に示す目標に照らして，その実現状況がどのようなものであるかを，観点ごとに評価し，児童生徒の学習状況を分析的に捉えるものです。

▎「知識・技能」の評価の方法

　「知識・技能」の評価の考え方は，従前の評価の観点である「知識・理解」，「技能」においても重視してきたところです。具体的な評価方法としては，例えばペーパーテストにおいて，事実的な知識の習得を問う問題と，知識の概念的な理解を問う問題とのバランスに配慮するなどの工夫改善を図る等が考えられます。また，児童生徒が文章による説明をしたり，各教科等の内容の特質に応じて，観察・実験をしたり，式やグラフで表現したりするなど実際に知識や技能を用いる場面を設けるなど，多様な方法を適切に取り入れていくこと等も考えられます。

▎「思考・判断・表現」の評価の方法

　「思考・判断・表現」の評価の考え方は，従前の評価の観点である「思考・判断・表現」においても重視してきたところです。具体的な評価方法としては，ペーパーテストのみならず，論述やレポートの作成，発表，グループや学級における話合い，作品の制作や表現等の多様な活動を取り入れたり，それらを集めたポートフォリオを活用したりするなど評価方法を工夫することが考えられます。

▎「主体的に学習に取り組む態度」の評価の方法

　具体的な評価方法としては，ノートやレポート等における記述，授業中の発言，教師による行動観察や，児童生徒による自己評価や相互評価等の状況を教師が評価を行う際に考慮する材料の一つとして用いることなどが考えられます。その際，各教科等の特質に応じて，児童生徒の発達の段階や一人一人の個性を十分に考慮しながら，「知識・技能」や「思考・判断・表現」の観点の状況を踏まえた上で，評価を行う必要があります。

「主体的に学習に取り組む態度」の評価のイメージ

○「主体的に学習に取り組む態度」の評価については、①知識及び技能を獲得したり、思考力、判断力、表現力等を身に付けたりすることに向けた粘り強い取組を行おうとする側面と、②①の粘り強い取組を行う中で、自らの学習を調整しようとする側面、という二つの側面から評価することが求められる。

○これら①②の姿は実際の教科等の学びの中では別々ではなく相互に関わり合いながら立ち現れるものと考えられる。例えば、自らの学習を全く調整しようとせず粘り強く取り組み続ける姿や、粘り強さが全くない中で自らの学習を調整する姿は一般的ではない。

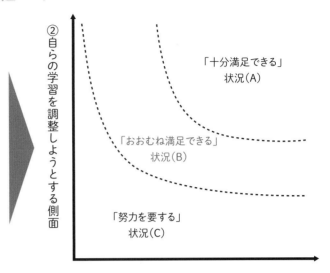

② 自らの学習を調整しようとする側面

「十分満足できる」状況(A)

「おおむね満足できる」状況(B)

「努力を要する」状況(C)

①粘り強い取組を行おうとする側面

ここでの評価は、その学習の調整が「適切に行われるか」を必ずしも判断するものではなく、学習の調整が知識及び技能の習得などに結びついていない場合には、教師が学習の進め方を適切に指導することが求められます。

「自らの学習を調整しようとする側面」とは…

　自らの学習状況を把握し、学習の進め方について試行錯誤するなどの意思的な側面のことです。評価に当たっては、児童生徒が自らの理解の状況を振り返ることができるような発問の工夫をしたり、自らの考えを記述したり話し合ったりする場面、他者との協働を通じて自らの考えを相対化する場面を、単元や題材などの内容のまとまりの中で設けたりするなど、「主体的・対話的で深い学び」の視点からの授業改善を図る中で、適切に評価できるようにしていくことが重要です。

コラム

「主体的に学習に取り組む態度」は、「関心・意欲・態度」と同じ趣旨ですが…
～こんなことで評価をしていませんでしたか？～

　平成31年1月21日文部科学省中央教育審議会初等中等教育分科会教育課程部会「児童生徒の学習評価の在り方について(報告)」では、学習評価について指摘されている課題として、「関心・意欲・態度」の観点について「学校や教師の状況によっては、挙手の回数や毎時間ノートを取っているかなど、性格や行動面の傾向が一時的に表出された場面を捉える評価であるような誤解が払拭し切れていない」ということが指摘されました。これを受け、従来から重視されてきた各教科等の学習内容に関心をもつことのみならず、よりよく学ぼうとする意欲をもって学習に取り組む態度を評価するという趣旨が改めて強調されました。

Column

観点別学習状況の評価について

学習評価の充実

学習評価の妥当性, 信頼性を高める工夫の例

- ●評価規準や評価方法について,事前に教師同士で検討するなどして明確にすること,評価に関する実践事例を蓄積し共有していくこと,評価結果についての検討を通じて評価に係る教師の力量の向上を図ることなど,学校として組織的かつ計画的に取り組む。
- ●学校が児童生徒や保護者に対し,評価に関する仕組みについて事前に説明したり,評価結果について丁寧に説明したりするなど,評価に関する情報をより積極的に提供し児童生徒や保護者の理解を図る。

評価時期の工夫の例

- ●日々の授業の中では児童生徒の学習状況を把握して指導に生かすことに重点を置きつつ,各教科における「知識・技能」及び「思考・判断・表現」の評価の記録については,原則として単元や題材などのまとまりごとに,それぞれの実現状況が把握できる段階で評価を行う。
- ●学習指導要領に定められた各教科等の目標や内容の特質に照らして,複数の単元や題材などにわたって長期的な視点で評価することを可能とする。

学年や学校間の円滑な接続を図る工夫の例

- ●「キャリア・パスポート」を活用し,児童生徒の学びをつなげることができるようにする。
- ●小学校段階においては,幼児期の教育との接続を意識した「スタートカリキュラム」を一層充実させる。
- ●高等学校段階においては,入学者選抜の方針や選抜方法の組合せ,調査書の利用方法,学力検査の内容等について見直しを図ることが考えられる。

評価方法の工夫の例

全国学力・学習状況調査
(問題や授業アイディア例)を参考にした例

　平成19年度より毎年行われている全国学力・学習状況調査では,知識及び技能等を実生活の様々な場面に活用する力や,様々な課題解決のための構想を立て実践し評価・改善する力などに関わる内容の問題が出題されています。

　全国学力・学習状況調査の解説資料や報告書,授業アイディア例を参考にテストを作成したり,授業を工夫したりすることもできます。

　詳しくは,国立教育政策研究所Webページ「全国学力・学習状況調査」をご覧ください。
(http://www.nier.go.jp/kaihatsu/zenkokugakuryoku.html)

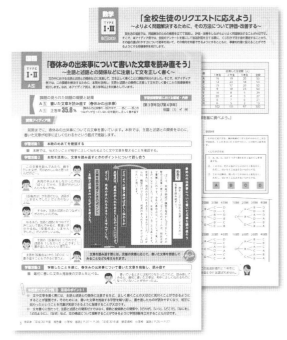

授業アイディア例

評価の方法の共有で働き方改革

　ペーパーテスト等のみにとらわれず,一人一人の学びに着目して評価をすることは,教師の負担が増えることのように感じられるかもしれません。しかし,児童生徒の学習評価は教育活動の根幹であり,「カリキュラム・マネジメント」の中核的な役割を担っています。その際,助けとなるのは,教師間の協働と共有です。

　評価の方法やそのためのツールについての悩みを一人で抱えることなく,学校全体や他校との連携の中で,計画や評価ツールの作成を分担するなど,これまで以上に協働と共有を進めれば,教師一人当たりの量的・時間的・精神的な負担の軽減につながります。風通しのよい評価体制を教師間で作っていくことで,評価方法の工夫改善と働き方改革にもつながります。

「指導と評価の一体化の取組状況」

A:学習評価を通じて,学習評価のあり方を見直すことや個に応じた指導の充実を図るなど,指導と評価の一体化に学校全体で取り組んでいる。

B:指導と評価の一体化の取組は,教師個人に任されている。

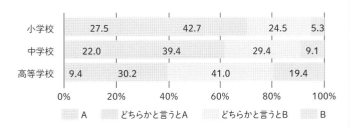

	A	どちらかと言うとA	どちらかと言うとB	B
小学校	27.5	42.7	24.5	5.3
中学校	22.0	39.4	29.4	9.1
高等学校	9.4	30.2	41.0	19.4

(平成29年度文部科学省委託調査「学習指導と学習評価に対する意識調査」より)

Q & A －先生方の質問にお答えします－

Q1 1回の授業で，3つの観点全てを評価しなければならないのですか。

A. 学習評価については，日々の授業の中で児童生徒の学習状況を適宜把握して指導の改善に生かすことに重点を置くことが重要です。したがって観点別学習状況の評価の記録に用いる評価については，毎回の授業ではなく原則として単元や題材などの内容や時間のまとまりごとに，それぞれの実現状況を把握できる段階で行うなど，その場面を精選することが重要です。

Q2 「十分満足できる」状況（A）はどのように判断したらよいのですか。

A. 各教科において「十分満足できる」状況（A）と判断するのは，評価規準に照らし，児童生徒が実現している学習の状況が質的な高まりや深まりをもっていると判断される場合です。「十分満足できる」状況（A）と判断できる児童生徒の姿は多様に想定されるので，学年会や教科部会等で情報を共有することが重要です。

Q3 指導要録の文章記述欄が多く，かなりの時間を要している現状を解決できませんか。

A. 本来，学習評価は日常の指導の場面で，児童生徒本人へフィードバックを行う機会を充実させるとともに，通知表や面談などの機会を通して，保護者との間でも評価に関する情報共有を充実させることが重要です。このため，指導要録における文章記述欄については，例えば，「総合所見及び指導上参考となる諸事項」については，要点を箇条書きとするなど，必要最小限のものとなるようにしました。また，小学校第3学年及び第4学年における外国語活動については，記述欄を簡素化した上で，評価の観点に即して，児童の学習状況に顕著な事項がある場合などにその特徴を記入することとしました。

Q4 評定以外の学習評価についても保護者の理解を得るにはどのようにすればよいのでしょうか。

A. 保護者説明会等において，学習評価に関する説明を行うことが効果的です。各教科等における成果や課題を明らかにする「観点別学習状況の評価」と，教育課程全体を見渡した学習状況を把握することが可能な「評定」について，それぞれの利点や，上級学校への入学者選抜に係る調査書のねらいや活用状況を明らかにすることは，保護者との共通理解の下で児童生徒への指導を行っていくことにつながります。

Q5 障害のある児童生徒の学習評価について，どのようなことに配慮すべきですか。

A. 学習評価に関する基本的な考え方は，障害のある児童生徒の学習評価についても変わるものではありません。このため，障害のある児童生徒については，特別支援学校等の助言または援助を活用しつつ，個々の児童生徒の障害の状態等に応じた指導内容や指導方法の工夫を行い，その評価を適切に行うことが必要です。また，指導要録の通級による指導に関して記載すべき事項が個別の指導計画に記載されている場合には，その写しをもって指導要録への記入に替えることも可能としました。

文部科学省
国立教育政策研究所
National Institute for Educational Policy Research
NIER

令和元年6月
文部科学省　国立教育政策研究所教育課程研究センター
〒100-8951 東京都千代田区霞が関3丁目2番2号　TEL 03-6733-6833（代表）

「指導と評価の一体化」のための
学習評価に関する参考資料
【中学校 総合的な学習の時間】

令和2年9月16日	初版発行
令和6年2月1日	6版発行

著作権所有	国立教育政策研究所 教育課程研究センター
発 行 者	東京都千代田区神田錦町2丁目9番1号 コンフォール安田ビル2階 株式会社 東洋館出版社 代表者 錦織 圭之介
印 刷 者	大阪市住之江区中加賀屋4丁目2番10号 岩岡印刷株式会社
発 行 所	東京都千代田区神田錦町2丁目9番1号 コンフォール安田ビル2階 株式会社 東洋館出版社 電話 03-6778-4343

ISBN978-4-491-04142-1   定価：本体850円
　　　　　　　　　　　　　　　　　　（税込935円）税10%